Seeker

Seeker

印度謎城

不可思議的瓦拉那西
全世界公認印度最迷死人的聖域

陳師蘭、林許文二◎著
林許文二◎攝影

Seeker.11

印度謎城

不可思議的瓦拉那西，全世界公認印度最迷死人的聖域

作　　者　陳師蘭、林許文二
攝　　影　林許文二
美　　編　劉桂宜
主　　編　高煜婷
總 編 輯　林許文二

出　　版　柿子文化事業有限公司
地　　址　11677台北市羅斯福路五段158號2樓
業務專線　（02）89314903#15
讀者專線　（02）89314903#9
傳　　真　（02）29319207
郵撥帳號　19822651柿子文化事業有限公司
E - MAIL　service@persimmonbooks.com.tw

初版一刷　2013年03月
二版一刷　2024年02月
定　　價　新台幣 499 元
I S B N　978-626-7408-19-3

國家圖書館出版品預行編目(CIP)資料

印度謎城: 不可思議的瓦拉那西,全世界公認印度最迷死人的聖域/ 陳師蘭、林許文二作. -- 二版. --臺北市：柿子文化事業有限公司, 2024.02
面；　公分. --（Seeker；11）
ISBN 978-626-7408-19-3（平裝）
1.CST: 遊記　2.CST: 印度

737.19　　113001106

瓦拉那西是一則比任神話傳奇還要更早的傳奇。

——馬克吐溫

自序

那是我們不得不離開這座城市的前一天，兩個人坐在恆河邊的階梯上。

我們面前漫步著一隻牛，正嚼著散落地上的花環；一隻羊兒不停用嘴頂我們的攝影背包，想要搞清楚裡頭到底放了些什麼；精靈的猴子們在屋頂間盪來跳去，伺機搶奪落單的行李；兩隻寶藍色的翠鳥翩然停在電線上打情罵俏；然後，突然間，一隻如人身般巨大的魚，伸著長長的鼻喙，跳出了恆河的水面，牠在半空中扭轉著光滑的身子，然後以優美的弧度滑入水中！那是恆河裡的淡水海豚，它們接二連三地躍起滑落，看得我們驚呼不止，幾乎以為千年石雕上的魔羯魚跳出來了！

這就是充滿驚奇的聖域——瓦拉那西！

在瓦拉那西的日子裡，每天都得在暗夜裡沿著一座一座的河階，穿過從不休息的火葬之地，走回休憩的旅館；焚燒屍體的熊熊火光照亮了半邊的夜幕，把一旁的建築照得忽明忽暗，橙紅的光影閃動在一旁的人們身上，顯出詭譎陰森的氣味。同樣是河岸邊冒著光亮的地方，一邊正舉行著狂歡縱樂的燈火祭典，一邊卻是天人永隔的陰陽交界。

這就是生死的大門——瓦拉那西！

謎一般的悠遠城市，濃霧似的飄忽傳奇！至聖的恆河之水流過，孕育無數生命，又接納無盡的死亡。你可以說她的小巷雜亂骯髒；你可以說她的聖河污染穢濁；你可以說她的子民虔敬得瘋狂……可你就是沒辦法不愛上她！

她具備了所有旅遊的元素——異國情調、奇風異俗，挑逗著所有旅人的心。

然而，她的絢麗風采裡，潛藏著悠遠的歷史軌跡；她的神祕難解中，隱覆著古老的宗教文化。早在幾千年前，她就以無上的心靈吸引力，強烈吸引著宗教修行者的追尋，包括人間的覺者——佛陀，在正覺後都千里迢迢來到附近的鹿野苑仙人林，展開教化世人的第一步。直到今天，她依舊是漫遊苦修行者們聚集的聖地。

她是一個多麼神奇的城市啊！

相隔了二千五百年的我們和佛陀，竟能在同樣的地方感受同樣的氣氛，目睹同樣五花八門的沐浴祭儀，面對同樣露體結髮的苦行沙門，聽聞同樣深邃縹緲的宇宙哲理，這兒儼然便是佛陀在世的印度生活縮影。在一片奇形怪狀、姿態萬千的大小神像佇立的小巷迷宮中，我們彷若看到佛陀那寧靜威嚴的背影，清明地走過混沌的天空，智慧地走過困惑的大地，無諍地走過諸神的廟宇，在狂沙飛舞間留下依稀的足跡。

我們不想只做個擦身而過的旅人：帶著好奇心，踏過她的神祕祭典、享用她的懷舊氣息，卻錯失她的寶藏，就這麼向她揮手道再見。我們全心珍惜著與她接觸的每一時分，凝視她薄紗下的永遠容顏，輕撫她不老的皺紋三千；順著那幾被埋沒的歲月之線，我們將越過濕婆的寶座、擠入眾神的世界、溯源大梵的叢林，嘗試在茂林清流的迦尸古都中、在讚歌飄蕩的歷史舞臺上，讓人們更深入地認識她流傳千年的宗教傳奇，以及神祕深邃的心靈世界。

若真能如此，一趟千里的旅途，將宛若百歲的人生寒暑，多彩而豐足！

林許文二、陳師蘭

目次
CONTENTS

4 **自序**

Chapter 1
8 **聖河邊的古城**
一個印度人想要表現自己國家的悠久文化和偉大宗教，他會叫你去瓦拉那西！
在他們心中，印度雖然處處都是「最」神聖的聖地，但沒有一處能與瓦拉那西相比……

Chapter 2
38 **迷霧中的清晨**
瓦拉那西究竟有多古老？
印度人會說：那是世界創始之初最先被造出來的地方。

Chapter 3
64 **佛陀走進鹿野苑**
你們怎麼看待佛陀？他只是個商品嗎？還是一個神？
佛陀是歷史上真正存在過的，他很偉大，我們都尊敬他，但我的神是濕婆、黑天和哈努曼。

Chapter 4
94 **神靈漫舞的吠陀草原**
根據非官方說法，光是瓦拉那西就住了三十三億個神……
誰有時間就自己去數吧！

Chapter 5
130 **車伕與婆羅門**
我們都是從一個巨大原人的身體各部分生出來的，
清淨之口生出婆羅門、手臂生出剎帝利、腰腹大腿生出吠舍、最骯髒的雙腳生出首陀羅。

Chapter 6
168
神廟叢林
敬拜羅摩吧！誦念他的神名吧！
不要問為什麼，因為他就是唯一真實的神！

Chapter 7
204
祭火絢爛笛瓦利
今夜，所有光耀星辰都從天上掉進了瓦拉那西，
連宇宙都為之神魂顛倒的笛瓦利燈火祭啊！

Chapter 8
240
悠悠恆河
城市或許會崩毀，苦行或許會消失，
但恆河的聖潔魅力將永遠流動在人心，直到她回到天堂……

Chapter 9
282
天堂之門
他們來到這裡是為了「死」，而不是為了「活」！
在瓦拉那西，死亡就是——解脫。

324
後來

326
旅遊資訊

Chapter 1 聖河邊的古城

這裡是所有人都強烈渴望要看一看的國度，
只要看過一次，
即便是瞬間的一眼，
相信也不會有人願意將這短暫一瞥與世界上其他的風光奇景交換！

——馬克吐溫《赤道環遊記》

延伸入河的陡峭階梯，瀰漫著中古世紀的奇幻氣氛。

千古聖城——瓦拉那西。

1

原本應在十一點進站的火車，卻在日正當空的正午還在一望無際的黃土平原上搖晃呻吟，從上車到現在，算算也有十六個鐘頭了。

我們花了一些錢，買了中上等的雙層冷氣臥鋪，大約二坪大小的空間中，只有四個床位，車廂乾淨舒適，出入人口簡單，隱密性也足夠，不時還有員工提著熱呼呼的奶茶、咖啡前來叫賣，因此雖然車程漫長，倒也不覺氣悶。

我和W分占著左邊的上下鋪，這是經過沙盤推演之後才決定的鋪位——女孩子和貴重物品睡在上鋪，如果有人有什麼不法意圖，就得先經過睡在下鋪的男士。我們的對面坐著一對老夫婦，他們在黎明時分上車，記得當時好夢正酣，他們卻旁若無人地嚷嚷著找位子，鏗鏘著放行李，呱啦呱啦地大聲交談，讓原本已不太安穩的火車睡眠又大大打了個折扣。

可是這會兒，那老先生卻和氣融融地看著我們，嘴角帶著微笑，伸手遞了一個錫箔紙包給我們：「可以讓我請你們吃點東西嗎？這可是印度的特產哦！」

老先生邊說著邊打開了另一個紙包，我們看到裡頭有一些汁液，浸著四塊雪白的棉花團。只見他用拇指、食指和中指捏起一塊棉花球，用力把其中的汁液擠壓出來，然後放進口中。我們依樣學樣，每人吞吃了兩塊白雲朵，那其實是麵粉做的圓形小鬆糕，卻浸泡在濃濃的糖漿中，即使將糖汁全部擠出，那滋味仍舊甜得膩人。

「如何？好吃嗎？」

「嗯！」不想辜負老先生那期待的表情，我們點頭如搗蒜，「謝謝您！」

「不！不！別這麼說，該說謝謝的人是我們！」

咦？

「外國人一般不會接受我們的食物，你們知道的，他們怕危險，可是你們卻願意相信我，所以我們是朋友了！」

這……我們可沒有想到危險的問題，被老先生一提醒，反倒開始有些發毛。

「火車誤點了。」他說：「你們要去哪兒？」

「瓦拉那西。」我說。

他顯得非常開心，把眼睛笑彎成兩鉤新月。「哦！瓦拉那西！那可是個好地方！是個大大了不起的城市，全印度的魅力都在那裡，你們去了就知道。」

「我們知道的，」我說：「事實上，這並不是我們第一次來到瓦拉那西，我們之前已經見識過她獨特的美麗了。」

這會兒，老先生的眼睛一下子從兩彎新月變成了兩輪滿月。

「哦？你們被她迷住了，是吧？」

看得出來他的興致被撩到了最高點。

我們和瓦拉那西的相識是在一九九九年初秋，那時我們來到印度做佛陀史蹟的朝聖之旅，在前往鹿野苑（Sarnath）的途中，邂逅了這個把時間拒絕在外的古城。

一進入城中，我們就知道，這兒毫無疑問是人類學家的金礦山，是社會學家的活化石，是宗教家的大道場，而對我們來說，這兒不啻是探索佛世與佛世前社會的珍貴寶庫。二千五百年前，佛陀在這座城市的郊區初次說出他親證的智慧真理，之後這理性實踐的教說席捲了整個印度，直到千餘年後，濕婆神與毗濕奴神連袂崛起，分兵進攻，以毋須理性思考的訴求——絕對的相信，完全的奉獻——占領了這個城市，此後佛教與印度教雖互有消長，但最後佛教還是被吞蝕進印度教的大熔爐中，成為輕描淡寫的一抹神話。

數千年來，歷經繁華輝煌、朝代更迭、戰亂破壞，她的文化風俗與宗教生活卻幾乎完全未曾改變，現在的古城所呈現的，是一幅多麼絢麗惑人的景象啊！曾經綠蔭參天的修行森林，如今變成尖塔矗立的神廟叢林；狹窄而錯綜複雜的小巷轉角間，站著千奇百怪、姿態幻變的大小神像；每走一步就要踢到一座長得像男性性器的濕婆靈迦（Shiva Linga），這種景象照例總是讓外國旅人們瞠目結舌，又愛又懼。

西元十六世紀，一位跟著商隊沿著恆河上游來到這裡的英國人羅夫・費區（Ralph Fitch）第一個記下了他所看到的景象：「這裡的人是我所見過最狂熱的偶像崇拜者……那些石雕和木雕的神像

恆河邊準備祭禮的婦女與執手沐浴的老夫妻。

有著邪惡的面容：有的長得像獅子、豹子和猴子；有的像男人、有的像女人，還有的像長了四隻手臂的魔鬼撒旦！」然而一八二三年來到此地的英國國教主教赫伯（Reginald Heber）卻說：「這是一個令人印象深刻的城市，比我曾看過或還未看過的任何城市，都擁有更徹底而獨特的東方風味。」

不過，比城市更引人好奇的，是在城中活動的人們！

在古老佛教經典裡頭所描述的「外道」——瘦骨嶙峋的苦行者，用牛糞塗結頭髮，在身上塗了骨灰，幾近全裸地在小巷中佝僂漫步；老先生、小男孩摩肩擦踵地在恆河中沐浴，繪出全世界最繁忙壯觀的沐浴景象；新媳婦、老婆婆花團錦簇地穿梭在寺廟中獻祭，噹噹的銅鐘聲響徹大街小巷；還有那永遠冒著青煙、貫串生死交界的火葬場，毫不停歇地將一個又一個靈魂送往天堂……

SCINDIA GHAT

船上的朝聖者，看著岸上的朝聖者，共同構築天堂之夢。

我們只要稍稍運用一些想像力，把水岸河邊那些高大的城堡通通變成蓊鬱的森林，大概就可以看到西元前六世紀時佛陀眼中所見的景象。

只是，當時我們的行程已經大致排定，並沒有留下太多時間好好研究這個神奇的城市。即使如此，短短數日的相處已經在我們心中烙印下無法磨滅的好奇與想像，那力量足夠讓人撇下舒適文明的家，再一次踏上印度這片黃沙滾滾的神祕土地。

老先生是印度教徒，不過對於自己的老祖宗裡出了佛陀這樣一位偉大的人物，還是頗為得意。他細細詢問我們到過哪些地方，當我們說到位在比哈省（Bihar）的一些佛陀聖地時，他會皺起眉頭，把腦袋搖得像波浪鼓，「不行哪！那兒是印度最窮的地方，你們去那兒做什麼呢？」可是如果我們提到像泰姬瑪哈陵這種觀光聖地，他便驕傲地笑開了嘴，「那兒很漂亮吧？很了不起吧？」而當我們說到一些受騙的小插曲時，他就露出既尷尬又抱歉的表情拚命解釋，「有些人會這樣的，你們知道，他們太窮了！」

這個時候，一旁的太太拿出了幾顆小蘋果，用沙麗的邊緣摩擦得亮晶晶的塞給我們，好像是在代替同胞向我們道歉似的。和所有的印度婦女一樣，她穿著色彩豔麗的沙麗，花白的長髮抹了香膏，服貼地梳在腦後紮成一條結實的辮子，分髮線上刷了一道紅色的油彩，和額頭上的硃紅圓點相互輝映。老先生向我們解釋：這道紅色油彩（Shindur）和額上紅點（Bindi）表示她已結婚，並且丈夫仍健在。

她的頸子、手臂和腳踝上掛滿了叮叮鈴鈴的金環，十隻手指都戴了搶眼的戒指，連腳趾頭也戴著亮麗的趾環，配上色彩鮮明的蔻丹，這麼斜靠在臥鋪上，活脫脫就是畫裡頭走出來的貴婦人。據說印度的婦女們穿戴得愈豐富，丈夫愈有面子，老伯看了看我，以有些美中不足的語氣說：「妳什麼裝飾都沒戴呢！只掛了一條項鍊……」我沒有告訴他那是我掛在脖子上治頭痛的精油，以免W太過沒有面子。

這位慈祥老者名叫達士（G. Das），是一位外科醫生，同時還在大學任教，育有一個兒子和五個女兒。達士先生對臺灣相當熟悉，「我到歐洲開醫學會議時經常會遇到臺灣的醫生呢！」這真是不簡單，看來達士先生的社會地位就算不在金字塔的頂端，也必定是很上層的了。由於工作壓力相當大，因此他每年都會找一段時間出來旅行，順便朝聖。在幾乎走遍全印度之後，今年的目的地是北方的哈里德瓦（Haridwar）。

「那兒是恆河從天上來到人間時，第一個碰觸到的地方！」

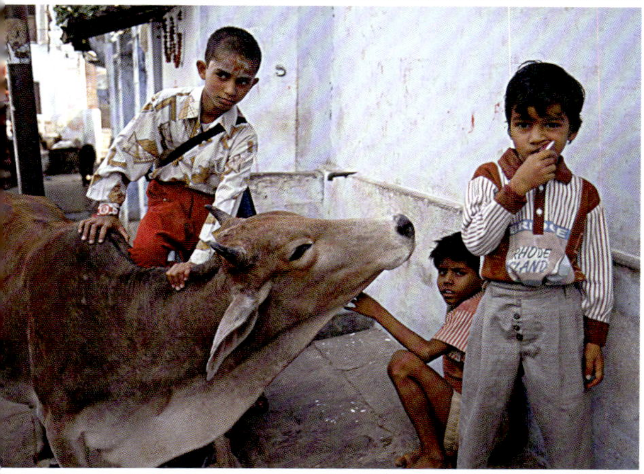

恆河邊的小攤販，賣著印度常見的點心沙摩沙。

小巷中，與動物親密共處的孩子們。

吐舌的黑色女神名叫卡利；人們在沐浴後會提著一壺聖水回家，見到神像就將手中的水潑灑在它們的身上，記得要用右手！這個儀式叫做Tarpana，少說也有近三千年的歷史。

這是標準的印度教式說法，如果從地理學的角度來形容，人們會說那裡是恆河從喜馬拉雅山脈進入平原的起點。可是你瞧，這種說法是多麼沒有味道啊！比起「從天上來到人間的地方」，地理學上這種理性且毫無情感的用語，簡直比白開水還乏味。印度的人們感情豐富而擅於表達，如果你的色彩無法比他們更豔麗、節奏不能比他們更強烈，那便絕難打進他們的心中，即使是外科醫學教授也一樣。

為了到這個地方，達士夫婦必須經歷漫長的旅程。「我們先坐了一天的巴士到迦耶（Gaya），在火車站等了一個晚上，換上這班火車，大概在明天清晨就會到達了吧！」達士先生半結論半探詢地問著太太。

「還得再坐一段巴士吧！」達士太太終於第一次開了口，「不過，那真的是一個非常美麗的地方，有壯闊的自然風光和許多寺廟，還有很多苦行者在那裡修行，我們會在那兒的恆河沐浴，順便度假。」

「那是一個非常、非常神聖的地方，」達士先生補充說：「那兒的恆河是非常純淨的，有機會你們也應該去看看。」

「它也像瓦拉那西那麼神聖嗎？」

這個問題讓達士先生整個人愣了一下，他為難地搔搔頭。「呃……那是不一樣的，這是沒有辦法比的呀！」他大概從來沒有想過這個問題吧！

有誰會拿別的地方來和瓦拉那西比呢？

這座聖城是印度人的驕傲，是將印度教的神話歷史保存得最完整，而且發揮得最淋漓盡致的地方，如果一個印度人想要表現自己國家的悠久文化和偉大宗教，他就會叫你去瓦拉那西！在他們心中，印度雖然處處都是「最」神聖的聖地，但是沒有一處能與瓦拉那西相比——

上層行駛汽車、下層行駛火車的馬拉維亞鐵橋是古代渡船口的舊址。

她是這塊神祕大陸上無可比擬的至聖之城！

午後一點左右，火車終於穿過馬拉維亞橋（Malviya），進入了聖城瓦拉那西。

我們揮別了親切的達士先生，背起沉重的行囊，迎著白花花的眩目陽光，走入西元前六世紀的世界。

2

貝拿勒斯（Banaras）城簡直就是一座巨大的教堂，是一個宗教的蜜蜂巢，每一個蜂窩眼都是一個寺廟、神龕或是清真寺院！

——馬克吐溫《赤道環遊記》

瓦拉那西位在UP省（Uttar Pradesh）境內的恆河中游，這條原本由西向東流入大海的聖河，在這裡拐了個大彎，轉向北方迂迴前進，瓦拉那西就盤踞在這滔滔聖水西岸、一條

緊臨河流的狹長山丘上，北界有瓦魯那河（Varuna）與恆河交會，南方有阿西河（Asi）與恆河匯流，山丘的西方是一片低矮的盆地平原，聖城的市區就順著地勢往西蔓延。

據說在古代，這片平原上散佈著大大小小的湖泊和池塘，其間大都有小溪流相連，在民間信仰中，這些水塘和溪流裡都駐有特定神祇，是當地人生活中的小聖地。西元七世紀時，玄奘來此朝訪，留下了「茂林相蔭，清流交帶」的記載，可見當時這裡必定是一片水草繁盛的地方，到了一八二二年，在英國學者詹姆士．普林賽卜（James Prinsep）所繪的貝拿勒斯市區地圖中，依然可以看到這些溪流與湖泊的分佈情形。

當時的恆河藉著這些溪流水塘而與山丘後的城市有了連結，平時它們是排水疏洪的管道，可是如果有哪一年的雨季特別兇猛，帶來比平常更大量的雨水時，恆河高漲的水勢就會衝入瓦魯那河和這些小溪流，倒灌進城市中，淹沒所有的水塘河流和房屋廟宇，把中央這座地勢特別高的山丘環繞起來，變成一座不折不扣的島嶼。

在我們看來，這種事真是倒霉透頂，最好一輩子也不要發生，可是印度人卻不這麼想，他們認為這種時候的恆河是最吉祥不過的了！因為她融合了瓦魯那河與水塘諸神的神聖性，使得原本就很聖潔的恆河又更增添了許多聖潔，如果剛剛好又遇上滿月，那就更加的上上吉祥了！所以這時候可別忙著搶救家當，趕快帶著毛巾到河水中沐浴比較重要，因為只要在這樣的水中沐浴，並以五穀米球（Pinda）供養祖先，你和祖先就能得到解脫，永遠不再受生死輪迴。這樣的機會是極罕見的，十二世紀時的一塊石碑銘文上，就記載著一位國王在這樣的恆河氾濫中沐浴並舉行祭典、奉獻土地的事蹟。

然而，隨著城市的日益膨脹擴張，溪流和水塘慢慢受到污染，開始淤積堵塞，於是從十九世紀初到二十世紀初的一百年間，英國殖民政府便將它們一個一個抽乾，填上沙土水泥做成道路或公園。舉例來說，現在通往達沙蘇瓦美河階（Dashashwamedh Ghat）的主要商業道路，原先就是戈達瓦利溪（Godavari）的河道。自此而後，恆河氾濫的情景就退出歷史舞臺，等著成為神話舞臺上的一部分。

不僅「清流交帶」的景象不再，現在要看出瓦拉那西的精華區是位在一座山丘上也都不太容易了，因為密密麻麻的房屋和廟宇已經蓋住了它原本的地貌，不過如果你搭乘三輪車（Rickshaw）來到城中的丘克區（Chowk），就能立刻感受到這座山丘的陡峭威力！

我們現在就正和這座山丘纏鬥著！

三輪車伕是一位頗有年歲的老人家，載著我們和二十多公斤的隨身家當，瘦乾的雙腿在踩過火車站到丘克區之間的平地路段時已顯吃力。越過達沙蘇瓦美路（Dashashwamedh Rd.）之後，漸漸有了坡度，這時老車伕已經不能再坐在椅墊上了，他必須先把全身重量放在左腳，踩下左邊的踏板之後，再把重量調到右腳去踩下另一邊的踏板。

十九世紀初的瓦拉那西素描。

十九世紀初，詹姆士・普林賽卜筆下的瓦拉那西素描。

隨著坡度愈來愈陡，踏板愈來愈不願意被踩下，老車伕瘦弱的身軀沒有多少重量可以抵抗地心引力，最後他終於被迫跳下車來，改用那雙枯瘦的臂膀推著車子向前走。即使是這樣，車子仍然是不情不願、愛動不動的，W終於忍不住了，跳下車想要幫忙，但老先生漲紅了臉，拚命要他坐回車上，他必定是怕待會兒我們扣他的車資吧！可是無情的陡坡不再給他推辭的藉口——再繼續比手畫腳下去，車子就要往下滑了！

於是，兩個大男人就這麼慢慢地在擁擠的大街上推著車，路過的人都要回頭來好奇地看看W這個奇怪的外國男人。後來，我們才知道這樣做是有違社會倫常的，因為印度的種姓思想強調各司其職，並不贊成互相幫助，難怪大家的眼神都充滿了不以為然。

在車上照顧行李的我正盤算著下次不該找這樣衰弱瘦小的老人家來走這種路，身旁就來了一個年輕力壯的車伕，一樣是跳下車來費力地用臂膀推著車子，不同的只是坐在上面的印度胖先生不會下來幫忙推車罷了。這段山丘折磨著每一個三輪車伕哪！

我們在一條小巷子前下了車，把車資付給了老車伕，由於比之前說好的數目還多一些，老人臉上終於露出了放心的笑容。他伸出枯柴般的黝黑雙手接過鈔票，放在額前向我們躬身致意，我們後來才知道——那是非常尊敬的姿勢，那是人們將供品獻給神並祈取祝福時的姿勢。

現在，我們已經身在瓦拉那西城中最熱鬧、人口最稠密的地區了。成排的小販占據著道路；賣花環的、賣銅壺的、賣祭祀蠟燭的、賣水果的、賣乾果的、賣神像海報的……只要有人經過，他們就要叫賣一番，那股熱鬧勁兒可真是不得了。除了這叫賣協奏曲，空氣中還飄著不知從哪兒播送的讚神頌歌，以及附近廟宇不時傳來的銅鐘聲，當場讓協奏曲變成了豐富的交響樂章。

一頭肥滿的黃牛從巷子裡走出來，甩著沾了牛糞渣的尾巴逛大街，經過賣花的攤子，就自助式地揀了一串金黃色的美麗花環，巴噠巴噠津津有味地吃了起來，完全無視賣花小販氣急敗壞的喝罵，甩甩尾巴撒了人家滿頭滿臉的糞渣子，算是付了帳，就優哉游哉地晃到別處去了。

在宗教上，瓦拉那西是「濕婆之城」（The city of Shiva），可是這裡最受歡迎的平價住宿卻是「毗濕奴賓館」（Vishnu Rest House）。我們原本也是準備向毗濕奴靠攏的，但是到了瓦拉那西車站，才發現它的電話已經改了，那時圍在我們身邊的旅館掮客和車伕們是多麼高興啊！這個說濕婆賓館多好多好，那個說瓦魯那旅館便宜得要命，另一個說他可以免費載我們去因陀羅旅館……看來好像每個大神都在這兒開了旅館，而且都派了掮客在火車站似的。可是這裡頭是大有玄機的，你如果真的跟著哪個掮客到了那個旅館，老闆就會給你一個簡陋的房間，然後向你收取五星級飯店的費用。為什麼？因為就算是大神的掮客也是得靠拉客的佣金過生活的啊！

不理會他們的聒噪，我們選擇了辛迪亞賓館（Scindhia Guest House）作為今天的下榻處。在電話中只能隱隱約約聽到老闆用我聽不懂的英語說了一大串路名，唯一確定的是它就位在辛迪亞河階（Scindhia Ghat）上方，所以我們就來到了通往辛迪亞河階的小巷口。問了路邊的小販，大家都說到河邊還有好一段距離，當下只得抖擻起精神，背了行李，拖著一大袋在加爾各答買的書籍，跌跌撞撞走進小巷子，尋找辛迪亞河階。

在瓦拉那西，路不一定是給人走的！

瓦拉那西的巷弄非常窄小且曲折蜿蜒，每隔幾公尺就出現一條岔路，一不小心就會迷失在這座迷宮中。小徑上有的路段鋪了石板，有些部分則保持著黃沙土地，不論哪一種都非常顛簸，完全不適合旅行用拖車，尤其上面還載著十幾公斤重的書，拖車在小巷弄中彎來拐去，平均走十步就要摔倒一次，有時跌在一灘污水旁，有時倒在一坨牛糞邊，整條路走得心驚膽顫。

當我們正手忙腳亂地設法扶起東倒西歪的行李時，身旁還圍著一群「熱心的當地人」！打從我們一走進小巷弄中，他們就像尋到糖塊的蜜蜂般黏在身邊嗡嗡作響。一個穿著汗衫的小伙子要介紹「比辛迪亞賓館更好的旅館」給我們；另一個滿頭長髮結了辮子的白袍男子要我們有空去他那兒學瑜伽；流裡流氣的少年仔想拉我們去某家好餐館；這當中還有一個小女孩兒纏在腳邊拚命推銷她的明信片……就在我們的體力與耐心都快到達極限的時候，恆河終於在一個轉彎之後出現了！

從極窄而昏暗的小巷，突然轉入陽光耀目、一望無際的恆河邊，那豁然開朗的心情真是無法形容。午後的豔陽灑在河面上，放射出萬縷金黃色光芒，小小的船影在河流上晃動，熱鬧卻無聲。恆河的磅薄寬廣令人屏息，一時之間，我們竟只能靜靜地站著感受那壯麗寧靜，無法再做任何思考。

一個只穿了短褲的細瘦男孩，手中拎著一只薄紙風箏，好奇地看著我們。

「辛迪亞賓館？」W試探性地問他，只見他把手往左前方一指，便一溜煙往賓館的方向跑去，嘴裡還大聲嚷嚷著什麼，不一會兒就有一個青年走過來，一下子扛起那個一路上折磨我們的書袋，走進了賓館。

「我還正在擔心你們會不會迷路了呢！」老闆穿著一件汗衫和一條藍格子圍腰布，正在等著我們，一位老管事畢恭畢敬地站在一旁，準備帶我們去看房間。

辛迪亞賓館比毗濕奴賓館貴了一倍多，可是房間較大，也較乾淨，最好的是它的房間附有陽臺，站在陽臺上，恆河美景盡收眼底。正下方就是辛迪亞河階，往右邊望去，一座粉紅色的寺廟尖塔在濁黃的河水中傾斜聳立著，越過這座尖塔，可以看到一陣一陣的青煙裊裊上升，心中一凜，原來我們竟誤打誤撞地住到了火葬場旁！

這下子可有趣了！我們不但來到了神聖的宗教古城，而且還住進了生死的信仰中心，恆河就在眼前，載運著人們的千古渴望滔滔奔流；我們沒有時間休息，把笨重行李隨便歸了位，就一頭鑽入古城的探險中。

3

午後三點，太陽依舊炙烈，還不是遊船的好時間。

老人抱著雙腿坐在大樹下的矮土牆上，望著恆河。

他的上身穿著一件短袖的白色汗衫，已經非常破舊了，可是和他黝黑的肌膚襯在一塊兒，那薄衫竟顯出異常的雪白。他的腰間圍著一塊嚴重褪色的紅格子圍腰布，邊緣因為摩擦而抽了線，兩隻皺縮的細腿亮在陽光下，刻劃著歲月與勞苦的線條，雙足因為總是打著赤腳而結了厚皮，形成化石般的灰白色。老人環抱著膝蓋的手指間，夾著一根自己捲製的細菸草，要不是菸頭上還冒著一縷白煙，我們幾乎就要把他認定是一座雕像了。

老人住在辛迪亞賓館下方的一間土房子裡，那並不是一個理想的住處地點，每年雨季，恆河就要爬上來把他的小土房吞噬掉，直到十一月再還給他一堆廢墟。可是他並不抱怨，想到這塊土地每年都要讓聖潔的恆河女神擁在懷中好好地洗禮一番，他就感到無上的吉祥。

老人是辛迪亞賓館的船伕，這並不是說他是賓館的職員，領有基本的底薪，而是說他有權利駐紮在這兒接引船客。如果賓館的住客請老闆安排遊船，那麼老闆就會將客人交給他，可是這樣一來船資自然就要往上提升，因為什麼都沒做只是介紹客人的老闆會向他收取佣金。這一點只要是自助旅行者都很清楚，偏偏會住在河邊這種小旅館的清一色都是自助旅行者，因此沒有人會請賓館安排船隻，到頭來老船伕還是得自己頂著大太陽在河邊吆喝拉客人。

賓館唯一的用處，就是它多少還能夠提供一個「明確」的地址——所以，如果你要寄信給老船伕，就可以寫「辛迪亞河階　辛迪亞賓館　老船伕收」！只是老人家並不識字，所以連這點用途也顯得多餘了。

船伕的職業和駐紮的地點是代代相傳而且壁壘分明的，每個船伕都有自己專屬的地盤，你不能隨便停在某個人潮洶湧的河階上就開始拉客，因為那樣將會讓自己陷入萬劫不復的境地，你可能會被剝奪掉自己的地盤，甚至掃出自己的種姓——再低的種姓都不會比沒有種姓更為悲慘！你會受到所有人的唾棄排擠，最後終於再也沒有辦法在這裡生活下去。因此，擁有一個好的地盤——例如達沙蘇瓦美河階——其價值是無法計量的，但是如果你繼承的是一個遠離人潮的荒涼地盤，那也只得認命。

辛迪亞河階雖然離主要觀光點遠了些，但總也是個大河階，老船伕只要每天從日出拚老命到日落，大概就可以足夠一家溫飽。

我們走下賓館階梯的時候，老船伕稍稍動了一下，並不是很積極。現在還不是遊船的好時間，當然也不會是划船的好時間，他大可繼續在樹下吹著涼風，好好享受手上的菸草，可是想到屋子裡等著吃飯的一家人，他還是站了起來。老人家的英語不大靈光，只懂得幾個和工作有關的單字和數字，因此招呼客人的方式非常簡單明快：

「船？」　「多少錢？」

「六十。」　「一小時？」

「一小時！」　「五十？」

「六十！」　「五十？」

「六十！」

老先生不給講價，我們也就不再堅持。

跟著他走下階梯，我們來到河邊，那兒有二、三條用麻繩綁在一塊兒的木船，看來剛粉刷不久，在陽光下發出亮眼的豔藍色。

老人顫顫巍巍地跨上一條船，解開了繩子，再拉著繩子讓船身儘量靠岸使我們好上船。飄蕩在

午後的河階。

老船伕迦羅希的小土房。他身後的長孫已經開始划船賺錢幫忙家計了，如同五十年前他的童年生活一樣。

達羅班迦河階上巨大的回教風格宮殿，建於一九一五年。

बृजरमा पैलेस

水中的小船搖來晃去，我們幾度以為老人就要摔下去了，可是他總在驚險中取得不可思議的平衡，連叼在嘴上的菸灰也沒一絲掉下來。

瓦拉那西最著名的風光，大概就是那一片沿著恆河而建、綿延有六點四公里長的Ghat了！Ghat的意思是「登陸點」或「河岸」、「海岸」，在這裡指的是從高聳的河岸山丘頂端向下延伸進入河中的石砌階梯。這些河階連接著塵世和天堂，人們每天從世俗忙碌的都市間，穿過曲折蜿蜒的窄巷來到河邊，走下河階，進入恆河中沐浴祝禱，用這樣的功德來修築死後解脫生天的道路。

老人握著槳的黝黑手臂用力一盪，船兒便慢慢撥開水面往南方滑去，岸邊的景色就像走馬燈一樣活動了起來。

河階上方密密麻麻地矗立著壯觀美麗的建築，大多是供奉濕婆的神廟，高高的尖塔向上伸展，割裂了天空；一片尖塔中偶爾會出現一座清真寺，以巨大的圓頂和聳立四方的叫拜樓（編註：清真寺常見的塔樓）奪取人們的目光；有時也會經過一座傲然俯視的城堡牆垛，昭告自己曾是土王大公宮殿的皇家身分。河階下方則聚集著一排排的小聖殿，大概都只有半坪大，面對恆河開著口。其中可能坐著一尊象頭人身的甘尼夏（Ganesha），可能只有一支靈迦，可能放著一排小小的神像，也可能空無一物，不論其中供奉的是什麼，都被戴上了花環、潑灑了恆河水，表示受到人們的禮敬。

臨水的河階邊，則搬演著千年未變的熱鬧景象！

幾個健壯的男人面向著太陽，站在齊胸的河水中，把一只銅壺高舉過頭，口中唸唸有辭，慢慢將壺中的河水倒還給恆河女神；幾個年輕女孩站在水邊，手中捧著金黃色的花環，虔心祝禱後將花環拋入河中，再含蓄地脫下拖鞋，讓恆河浸浸雙腳；一個老太太蹲在河邊用恆河的沙土刷著她的黃銅小圓罐，她大概已經這樣做了一輩子，動作非常熟練，等到罐子達到了她所滿意的潔淨與晶亮，她便將它盛滿恆河水，用右手提著潑剌潑剌地邊灑邊走上階梯。

有時候階梯中間會延伸出一片平臺，上面高高低低豎立著巨大的茅草傘蓋，傘下坐著被稱為Ghatia或Gangaputra（恆河之子）的婆羅門，我們姑且把他們叫做河階祭師，他們主要的工作就是坐在河階平臺上，等著沐浴完畢的人們前來整理儀容並祈求祝福。他們會帶著那些人唸一段禱辭，然後在其額間和耳朵邊擦上一抹橘紅油彩，大功告成後人們便在他的大碗中投下幾個銅板，讓他可以舒舒服服地度過這一天。

河階祭師的職業和傘蓋占據的地盤也是代代相傳的，你可不能隨便揀一個人來人住的河階平臺就插下傘蓋，那樣將會讓你陷入萬劫不復的境地，你可能會被剝奪掉自己的地盤，掃出自己的種姓，受到所有人的唾棄排擠，最後終於再也沒有辦法在這裡生活下去——沒有種姓的婆羅門不會比沒有種姓的船伕更好過！這是種姓制度唯一平等的地方。

河畔的靈迦，日夜接受眾人的洗禮；遠方的葬煙，日夜燻習著聖城的天空。

艷陽下的傘蓋帶給人們涼爽遮蔭，不知祭祀祈福是否也能為人生帶來清涼？

孩子們還不懂得什麼宗教意義，卻已經深深愛上了恆河。他們從高高的河階平臺上一躍而下，俐落地投入恆河中，這樣玩了一次覺得不過癮，又爬上平臺跳了一次又一次，當他們意識到相機鏡頭後就更加起勁了，在躍下的當兒還要做出各種姿勢或翻個筋斗；他們每一個都是游泳高手，不一會兒就打起了水仗，幾個膽子大的向小船游了過來，把戰火蔓延到我們身上，我是不反對和恆河親近一下，可是相機肯定不這麼想。老船伕喝斥了兩句，完全沒有效果，於是他舉起一根木槳，往那群頑皮孩子作勢打去，他們這才大叫大笑地一哄而散，可是沒一會兒又慢慢潛行過來，老人將木槳套好，加快盪槳的速度，離開了這座河階的水域範圍，把孩子們的笑鬧拋在一波波浪頭之後。

在另一座河階上，一群婦女正走下階梯，她們都穿著色彩明豔的沙麗，大紅的、亮黃的、湛藍的、鮮綠的……簡直就是一道彩虹下凡到河邊準備沐浴。我們不知道她們用了什麼魔法，總之，在我們看清楚之前，她們已經用奇妙的手法脫下身上的鮮豔沙麗，換上另一件同樣鮮豔的沙麗（我們當然也不會知道這兩件沙麗到底有什麼不同）——就在大庭廣眾之前，而且不會裸露身體的任何部分。她們排排坐在最底一級階梯上，先把雙腳浸入河中，然後用手輕輕將河水潑在自己身上，直到沙麗都濕透了，風吹到身上會冷了，她們才慢慢走下河中浸浴，並解下長髮細細梳洗，女性的沐浴是多麼美麗啊！即使是上了年紀的母親，她們細緻的神態與溫柔的動作依然使人著迷！

老人在達沙蘇瓦美河階讓船停了一會兒，這是瓦拉那西最重要的一座河階，它不僅擁有特殊的宗教地位和歷史意義，而且交通方便：它是唯一一座不必穿越曲折的小巷迷宮就可以到達的河階，因此總是擠滿了虔敬的沐浴者和好奇的觀光客。

一個長髮糾結的苦行者來了，他全身上下只裹了一件丁字褲，手中拄著一根木杖，提著一只包袱，他將這兩件東西放在階梯上，走入了河中。不像別人還抹抹香皂、洗洗頭髮，他一進入水中就

大人的世界需要沉重的宗教，孩童的世界只有歡樂的玩耍。

走到深處，雙手塞住耳朵，一下子潛入水裡，過了很久很久才從另一個地方冒出頭來，雙手合十唸唸禱辭後，又再一次潛入水中。

如果沒有別的事，我倒是很想看看他還會做些什麼，可是這時卻有一隊色彩鮮豔的送神行列走了過來，大概是一個家族吧！年輕的父親和他的男孩子分別抱著一尊神像，爸爸抱著的大一些，是一個戴著白色高冠的四臂神祇，四隻手高高舉起，露出血紅的手掌，它身上穿著色彩鮮豔的袍子，掛著花環，怎麼看都令人想起霹靂布袋戲的人偶造型；孩子抱著的神像則全身黑色，只有手部以及頭部鍍了金。他們由一個看起來像是祭師的人引領著上了一艘小船，盪槳而去。後來我們再次遇到他們的時候，神像已經不見了，也許是丟入河裡頭獻祭了吧！

「恆河啊！洗淨我全身內外的罪業吧！」

回程途中，我們在馬尼卡尼卡河階（Manikarnika Ghat）停了一會兒。成排的柴堆在岸上猛烈地冒著火焰，包圍住躺在其中的軀體，每一團烈火都是一輛天堂直達車，載著虔誠的靈魂前往世人心中各自不同的極樂世界。這是瓦拉那西城中最神聖的地方，它通常是朝聖的最後一站，也是人們生命中最後的停泊處。

人們相信，只要在瓦拉那西的恆河中沐浴，就可以洗去過往所有罪業，在死後得生天堂；如果能在這座聖城嚥下最後一口氣，那又比只是洗洗澡更保險一些；最萬無一失的就是，住到瓦拉那西來，每天到恆河中沐浴，最後在這裡撒手歸天，等著濕婆大神親自將天堂的通關密語傳授給你，然後你就可以在馬尼卡尼卡乘著青煙直接進入極樂天堂。

根據這個遊戲規則，老船伕基本上已經是天堂的內定子民了。我偷偷瞧著那張佈滿風霜的臉，只見他背對著河岸，彎下身子伸手掬了一捧恆河水，低頭啜飲了一口，然後點上一支菸，定定地看著天邊，菸頭上的一縷清霧，靜靜模糊在葬火氤氳間。

我們猜不透老人在想些什麼，就像我們還搞不懂這座神祕的城市一樣；我們才剛剛進入這個世界，要探索的事情還有太多太多……

Chapter 2 迷霧中的清晨

至少在二十五個世紀以前，這城市就已極富盛名！
當巴比倫正和尼尼微爭奪霸權時；當腓尼基正戮力建造殖民地時；
當羅馬尚未成名而雅典日益強盛時；當希臘與波斯戰爭時；
當普魯士二世為波斯帝國增添榮耀時；
當新巴比倫王掠奪耶路撒冷，而猶地亞的居民淪為俘虜時……
她的偉大已經成形，
儘管尚未綻放榮光！

——M. A. Sherring，十九世紀中一位貝拿勒斯的傳教士

彩燈下的婦女虔敬地聆聽上師講述宗教故事，並準備供奉祭品。

河階上的女神像默默注視著微波上的舟楫，身上的泥濘是恆河氾濫的餘韻。

1

一絲金色的曙光輕輕地喚醒了大地，河階舞臺上的布幔就要拉起來了，我們趕忙整裝出門，進入河岸風景中。沿著河階往南走，又經過了火葬場。是的！火堆依舊燒得熾烈，如果這些真是直達天堂的專車，相信現在往天堂的路上已經嚴重塞車了！穿過火葬場後頭一條堆滿木材的小巷，一路走到達沙蘇瓦美河階，我們想租一條船到瓦拉那西的北界——瓦魯那河和恆河的交會處。

租船是十分容易的，河階上到處都有年輕男子跟在你的後面問：「船？船？」可是如果有人突然在你背後問：「你們去年來過對吧？你們是臺灣來的吧？」那就不免讓人大大地嚇了一跳！這個記憶力超強的船伕叫作賈迦那，我們去年確實曾經坐過他的船，而他竟然還記得，光是這一點就值得我們再次踏上他的小船。

清晨的瓦拉那西籠罩在一片薄霧中，朝霞初放，把河岸上的尖塔和城堡染成了粉橘色，反射著淡金色光芒的恆河水面上佈滿了小舟，河階上遠遠傳來沐浴者撥水的潑刺聲，大家都沉浸在忙碌而熱鬧的歡樂氣氛中，賈迦那說這是因為笛瓦利節（Divali）的緣故。

「Divali」這個字的意思是「一排一排的油燈」，對印度某些地方來說，它就等於新年。尤其在瓦拉那西，人們會趁這個時節整修粉刷在雨季期間浸在恆河中的房屋，以迎接新的一年。笛瓦利為期三天，也有人說是五天，每一天都有特別的事要忙：

第一天要買一隻新壺子，討個富裕的彩頭，因為這是屬於財富之神鳩毗羅（Kubera）的日子，那隻新壺子就代表經常擺在鳩毗羅腳邊、裝滿財寶的壺子。

第二天得買一把新掃帚，把屋子裡裡外外打掃得一塵不染，然後在自家的院子或地板上，用五穀粉末排出幾何圖案，讓神明藉由圖案進入家中。

到了第三天，就得把禮拜吉祥女神拉克修美（Lakshmi）的所有事物準備好，用各種裝飾——花環、油燈、壁畫等將屋子打扮得美侖美奐，當拉克修美到來時，她會選一間最可愛的房子住於其中，而那間屋子的主人就會有一整年的好運道。

第四天的晚上是祭典的最高潮，人們會在所有的建築物上吊掛彩色的燈泡或燃起點點燈火，並且在河邊階梯上佈滿一排一排的小油燈，同時燃放五彩的煙火來大肆慶祝，創造出最令人痴狂的一個夜晚。

最後的第五天，男士們將在這一天請家中的女性們用餐，絢爛的節日在此歸於平靜。

由於笛瓦利的所有訴求——財富、幸運、吉祥、光明，追尋的都是俗世生活的願望，而非永恆

河階上的靈修者與擦身而過的朝聖客。

和解脫等生命問題，因此學者推測它可能是流傳自久遠久遠之前的土著祭祀。至於究竟是多久遠之前，若你去問其他人，一般會得到一個數字：「嗯……大約是某某世紀吧！」可你要是問到一個印度人或是更精確的說，一個瓦拉那西人，他就不會為這種問題傷腦筋，譬如賈迦那，就一邊划著槳，一邊瞇起了眼睛說：「反正在恆河母親從天堂流降到人間之前，人們就已經這樣做了！」他講得多麼肯定，可是我們聽得多麼茫然，於是只好繼續追問：「那是在恆河之前多久呢？」

這次，他給了一個更確定的答案：「很久很久哪！從瓦拉那西一被創造出來的時候，就已經是這樣了啊！」

這下你就知道不要再問「瓦拉那西又是什麼時候造出來的」了！因為大家都知道她是在世界創始之初最先被造出來的地方，若我們一定要問到底，最後就會迷失在宇宙創造之前的洪荒中。

要描述瓦拉那西究竟有多古老，確實是一件非常困難的事情，難怪人們會用「宇宙創始之初」來一筆帶過。如果我們能有一塊石碑，上面刻著某位瓦拉那西國王曾經在某個遠古時代的恆河邊做過什麼豐功偉績的話，那事情就好辦得多了，偏偏古代的印度並不時興做這種事！這種情況透露出一個非常嚴重的問題，那就是——印度沒有歷史，只有神話。

遠古的印度並沒有發展出以文字記錄史實的文化，或許他們壓根兒就沒想到應該要把歷史記載下來。於是每當近代的考古學家挖出什麼古代遺蹟、興沖沖地想找一些相關歷史資料時，就會垂頭喪氣地發現，他所能找到的只有神話！這些神話原本很可能都是史實，以口耳相傳的方式保存了下來，但是只要玩過傳話遊戲的人，就會知道這是多麼不保險的方法！原本單純的歷史事件在後代子孫你忘一點、我加一點的情況下，終於發展成一部一部不可思議的神話史詩，形成「神話中有史、史話中有神」的神話性歷史，其中最具代表性的，就是大戰史詩《摩訶婆羅多》（Mahabharata）和英雄冒險故事《羅摩衍那》（Ramayana）了！它們都被認為是描述遠古時代確實發生過的事，可是其中卻都充滿了不可思議的神怪內容，而且還造就了現在印度最受歡迎的兩位大神——黑天（Krishna）和羅摩（Rama）。

不過，幸好印度並沒有把對宗教信仰的極度醉心全部拿來編織神話。由於對生命終極的高度關切，他們也發展出許多深度心靈哲學的古老宗教，這些宗教都留下了宣說教義的典籍，得以反映當時的社會狀況，其中最重要的就是婆羅門教的吠陀文獻和佛教的經典文學！藉由這些古老宗教所保存的經書典籍，加上那些口耳相傳的宗教傳說與神話故事，我們終於可以得到遠古天竺的一點稀薄影像，而不必再停留於「宇宙創始之初」了！

據說，在西元前一千五百年左右，當位於西北印的亞利安人（Aryan）準備往恆河流域南遷時，曾派出一支前哨隊，發現了一個名叫迦西（Kashis）的地方；而在《摩訶婆羅多》所傳述的西元前一千年時發生的大戰中，曾提到迦尸（Kashi）國王參與

清晨，禮敬朝陽的靈修者。

戰爭的故事，這兩個事件中所敘述的迦西或迦尸是否就是現在的瓦拉那西，目前並沒有找到任何證據可以證實。

有關瓦拉那西較為可信的歷史身世，最古老的史籍資料來自於早期的婆羅門教與佛教經典。當時，它被稱為迦尸，又被稱作波羅奈（Baranasi），這兩個名字既是國名又是城名，在佛經中大多以迦尸國、波羅奈城來稱呼。

早在西元前六、七世紀，釋迦佛陀出生以前，北印度的恆河平原上小國聚落林立，當時有十六個較具規模的國家，統稱「十六大國」，包括恆河右方的摩揭陀國、鴦伽國與北方的憍薩羅國、跋祇國等，而迦尸國就位在恆河左岸，毗鄰摩揭陀國，北方則與憍薩羅國相接。

紀元左右成書的《摩訶僧祇律》是這樣描述當時的迦尸：「人民殷盛，富樂豐實，聚落村邑雞飛相接，舉國人民更相敬愛，種

午後等待渡船的婦女們。

種眾伎共相娛樂……」好一幅歌舞昇平、繁華富裕的景象。至於迦尸為什麼能達到這樣的富足，除了位在恆河邊、是南北往來的交通要道外，還有一個很重要的原因：「時國人民皆工巧技術以自生活，所謂伎樂歌頌或作金銀、寶器、華鬘、瓔珞嚴飾之具或調象馬及諸道術，種種工巧無不備悉，以是生活。若無工巧技術者，謂之愚癡。」不會一點手工技術的，就是笨蛋！可見當時的迦尸必定是以工藝精美聞名內外。

在諸多的精工藝品中，當屬絲織布帛——也就是俗稱的「迦尸布、迦尸衣」最為精美昂貴，當時的富商大賈、國王公卿都以身穿迦尸衣為榮耀，傳說佛陀從出生到離家訪道之前的俗世歲月中，所穿的衣服內外皆為迦尸衣，甚至連佛陀過世時所用的裹屍布也是來自於迦尸。而佛陀在弘化說法時，也經常以迦尸衣的精緻耐用來作比喻：「一切妙衣，迦尸衣第一。諸善法中，不放逸第一。」可見迦尸絲織的水準之高，在當時是國際公認的。一直到今天，瓦拉那西的絲織品與製作精巧的藝品玩具，都還是國內外觀光客最喜愛帶回家的旅遊紀念品。

精巧的手工技藝加上位居恆河運輸動脈的中心，讓迦尸成為光芒萬丈的貿易大城，民生穀物、奇珍異貨，大多在此交匯轉運，不僅工商繁榮、人口倍增，相對地也成為無數心靈追求者與宗教苦修士聚集安居之所。

或許有人會問，世俗繁華與心靈修行怎麼會湊在一塊兒？

事實上，這正是印度宗教的魅力所在！

全世界大概再也找不到比印度宗教師更嚴酷的修行方法了！他們修道的最基本原則就是不擁有任何身外之物，只以乞討為生，可是他們又必須遠離人群在森林中清修，因此如果森林旁能有一座村落或城市可以乞食，那就再好沒有了！

迦尸正是這樣一個理想的地點！這座繁華城市正是位在一片茂密森林之中，自古以來就是修

GANGA SEVA NIDHI
WAMEDH GHAT, VARANASI

行人們聚集的地方，隨著波羅奈城的日益發達，城外的密林間也漸漸發展成「內有蔥鬱祥和的森林可以精勤苦修，外有資糧富裕的波羅奈城民可為護持供養」的宗教修行中心，如果修行有了什麼心得，還可以就近向眾多的城民宣說，達到教化社會、淨化人心的功能，因此諸哲人與苦行沙門無不趨之若鶩，紛紛前來搭起自己的修行小茅棚。後來遠在菩提迦耶（Bodhgaya）成等正覺的釋迦佛陀，也是不辭勞苦地選擇來到這裡宣揚教說。

像這樣繁華而平和的國家，照例總是要讓鄰國垂涎三尺的，可惜迦尸雖然在經濟和宗教上高度發展，卻從來不曾成為政治軍事上的要角。因此，當西元前七世紀、北方的憍薩羅國日益崛起時，國王摩訶憍薩羅便輕易的征服了迦尸，為自己贏得「迦尸征服者」的光榮稱號！

擁有迦尸就等於擁有了會生金蛋的母雞，當時的憍薩羅國自此達到前所未有的國力高峰，恆河北岸幾乎無人能匹敵，首都舍衛城也因此成為當時最重要的政治與經貿中心。然而好景不常，西元前六世紀左右，位於恆河中游的摩揭陀國展現了更強大的野心，她不僅向東征服了鴦伽國，之後更視迦尸為首要的戰利目標。兩國相互競爭，衝突對峙的狀況日益緊張，為了化解彼此的對立不安，摩訶憍薩羅將女兒嫁給了摩揭陀國的頻毗娑羅王，並以波羅奈城作為嫁妝，言明將其豐厚的稅收作為皇后沐浴與香油的開銷。

然而這樁政治讓步並沒有維持很長的和平，在波斯匿王繼摩訶憍薩羅即位以後，仍不時要為國家的存亡憂心。在《中阿含經》裡，便生動地記載了波斯匿王的煩惱：

有一次，波斯匿王對於佛陀所說的「若愛生時，便生愁慼、啼哭、憂苦、煩惋、懊惱」百思不解，便請問當時已皈依佛陀的茉莉王后。

王后於是問他說：「你愛迦尸及憍薩羅國嗎？」

國王回答：「愛啊！」

濕婆是瓦拉那西的守護者！他在髮際戴著新月，代表甘露酒的杯子，三叉戟代表著天、地、空三界，而盤結的頭髮則是祂苦行的象徵。

「那麼，迦尸及憍薩羅國如果發生變故異動，國王當會如何？」

波斯匿王回答：「我所具足的五欲喜樂就是迦尸與憍薩羅國啊！若此二國有所變易，我連命都會沒有了，更何況心生愁慼、啼哭、憂苦、煩惋、懊惱呢！」

於是，茉莉王后告訴國王說：「由此就可知道『若愛生時，便生愁慼、啼哭、憂苦、煩惋、懊惱』的道理了！」

由於茉莉王后的善於說法，波斯匿王因而了解佛陀所說的「愛結所繫而生愁憂煩惱」，於是深受感動，當下皈依成為佛陀的在家弟子。

佛法化解了波斯匿王心中的愛苦，卻無力改變現實的國際局勢。摩揭陀國的頻毗娑羅王晚年遭兒子阿闍世謀殺篡位，其皇后韋提希夫人（Vaidehi），也就是波斯匿王的姊妹，因此含恨而終。繼任的阿闍世王為了稱霸恆河，開始率軍四出擴展版圖，不久之後便征服了恆河平原，將憍薩羅國和繁華的迦尸波羅奈城一起併入了摩揭陀國，此時應是西元前五世紀左右。

這便是瓦拉那西在佛典中零星閃爍的上古影像，雖然都是些斷簡殘篇，但總算能讓我們勉強拼湊出個模糊印象，比起賈迦那的「宇宙創始之初說」，相信要清楚得多了！

2

說到賈迦那，他正細細碎碎地唸著他的生活有多麼不幸。

賈迦那（Jagannath）這個名字的意思是「宇宙之主」，如果宇宙指的是這艘小船，那倒也算是名符其實。他是毗濕奴賓館的船伕，看來有四十歲了，可是他卻說自己從十二歲就開始划船討生活，已經做了十六年，所以今年剛好二十八歲。

「划船的生活不好過啊！您瞧！光是這艘船，就要六千塊，大一些的還要一萬塊，我們拚命地划啊划啊，一個月也不過拿個七百塊，當然旺季是好一些，大概可以有一千五百塊，可是一年的旺季也不過就是這四、五個月啊！」

我們正忙著拍照，只能隨口問他說：「如果是這樣，可以不要做船伕嗎？」

「當然可以，只是如果不做船伕，我又能做什麼呢？別的工作也不會更好的。」

賈迦那無奈地搖著槳，船伕的工作雖然辛苦，總算還能讓賈迦那填飽肚子，並有餘力討個老婆。他在一年半前結了婚，不過，自那時起，噩運就開始跟著他……

卑微的清掃夫徒手撈起髒污，卻將尊貴留給恆河。

「我不喝酒，也不抽煙，按時沐浴祈禱，一切都照著規矩來，可是生命就是這樣，去年六月，我太太好不容易懷了孕，卻不知怎地流掉了，光是手術費就花了二萬五千盧比，我沒有那麼多錢，只好向朋友借錢度日。誰知道今年雨季裡，我在河邊叫客人，卻被不講理的警察抓住，不准我在那兒拉客人，要我付保護費，我沒有錢，他就打了我一個耳光，結果耳膜就被打破了！手術又花了六、七千盧比，一直到現在耳朵都還不太好哩！」他一邊說著一邊拍了拍右耳，「從結婚到現在，已經花了三萬多了。」

我們問他是否後悔結婚，他明確地搖搖頭。「不！不會，我不抱怨任何人，是我自己要結婚的，我願意承擔責任。」

賈迦那的認命令人難過，他或許是想討我們的同情，多得些小費吧！但我相信其中並非全然虛構，比方說警察打人吧，我們就親眼見過印度的警察有多兇狠。

那是去年的事，我們租了一部車到偏遠地區踏查史蹟，司機沙羅峻（Sarajun）是一個二十郎當的小伙子，一路上因為開著轎車、載著外國人而好不得意，對所有擋在車子前面的事物——行人、牛、狗、烏鴉和猴子等，都是一長串尖銳的喇叭伺候，可是在進入瓦拉那西時，卻因為一時大意，沒有在臨檢站停下來，結果一個警察荷著長槍走過來，一下子把他揪出車子，狠狠地打了他好幾個耳光。一路上都得意洋洋的沙羅峻被打得跪在地上發抖求饒，可是那警察還是揪住他的頭髮，又用棍子狠狠地打了他一頓。沙羅峻在挨打的時候，另一個警察就檢查我們的行李，那是電影中才看得到的情形：警察一手持槍，一手用強力的手電筒照在我們臉上，讓一陣強光弄得我們眼睛發花，然後又一一照身體和背包，彷彿一個弄不好他就要開槍了似的。

印度的警察有多兇，從這裡就可以稍窺一二，不過，印度的人事物如果可以那麼簡單就釐清道理，說出誰好誰不好，那就不像印度了！比方說，我們正為了賈迦那的遭遇唏噓不已時，他便給了我們一個出乎意料的插曲。

上船時明明說好了到瓦魯那河和恆河的匯流處，可是，現在小船還飄蕩在馬拉維亞鐵橋下，他就把槳收了起來，一臉認真地說：「就是這兒了！」

不會吧？往河岸上望去，只見到羅西河階（Raj Ghat）上排排站著一群正在用樹枝刷牙的人，可沒見到什麼河流交會的景象。

「就是這兒沒錯！」他又更肯定地說了一次。

那麼瓦魯那河在哪兒？

「哦！瓦魯那河！」他好整以暇地點起一支菸，「你們看不到它的！」

什麼？

「你們是看不到它的！」他把一隻手掌立在另一隻手掌的下方，向我們解釋著不可思議的現象。「它是冥界的河，是從下面過來和恆河交會的。」

「是這樣嗎？它不會也是在宇宙創始就存在了吧？」我有些發火地出言譏諷，可是他一點也不以為意，還很高興地回答：「是啊！是啊！妳怎麼知道？」

我們決定不再和他多說，拿出地圖來，把那條很清楚蜿蜒在恆河平原上的藍色瓦魯那河指給他看，沒想到他竟然還扯得下去：「奇怪！這真是奇怪了！我看這地圖有些不對勁，你們是在哪兒買的？」

「別管這麼多吧！你為什麼不划下去看看呢？」

「可是再下去什麼都沒有啊！就是像現在的景觀一樣，不會有什麼特別的。」

「你到底有沒有往下划過？」

「有啊！夫人，我去過好幾次哩！沒什麼特別的啦！」

看來他已經鐵了心不再多走一步，我們氣得說不出話來，恆河上的空氣僵在一片死

寂之中。最後我們告訴他，如果沒看到瓦魯那河，我們是不會付錢的，這下他有些緊張了，趕忙坐直身子捻熄菸頭，結結巴巴地說：「唉呀……這真是……我說了沒有的嘛！好吧！我再划一段，可是你們是看不到它的，到時可不能怪我。」他終於又套好了槳，繼續往北盪去。

船兒越過了鐵橋，河岸風光就完全不同了。巨大的石階不再出現，兩岸盡是茂密的樹林，偶爾才會看到一兩間小屋的身影，四下一片寧靜的自然鄉野，除了水鳥的鳴叫與船兒撥水的聲音外，就只有賈迦那不時冒出的咕噥聲了：「看吧！我說過沒有的嘛！」

船行了一段，忽然聽到一陣嘩嘩的水聲，原本以為瓦魯那河到了，靠近才發現那是一個大排水口，順著一條溪流的河道，將城中的污穢廢水一股腦兒吐進這條聖河中。賈迦那似乎是看出我們眼底的失望，突然轉了性，反過來安慰我們說：「沒關係，我再往下划看看好了。如果真有那條河，我倒也想看看哩！」

又行了一公里左右，我們正想放棄時，眼前忽然出現一座神廟尖塔，對照地圖，應該就是位在兩河交界的毗濕奴神廟阿提．耆薩瓦（Adi Keshava）。神廟旁有一座小竹橋，竹橋上人來人往，橋下依稀可看出有個河道匯入的缺口，賈迦那加快速度盪到小橋旁，這下毫無疑問了！一條潺潺的河流蜿蜒著湛藍的身軀，穿過兩旁密密的樹林，與恆河合而為一了！

這便是瓦魯那河！一條不論在歷史上還是神話中都非常重要的河流！

這神聖的瓦魯那河，能使人們從罪惡中解脫，
它在此與恆河融合為一，
為聖潔的中心添上無限光耀，
梵天在此匯流處建立了一座無上的靈迦，

瓦魯那河與恆河的交會處是古老的迦尸國領土，蔥鬱的森林與河岸蘊藏著豐富的歷史。

世人稱之為桑崗姆斯伐羅，
若人欲潔淨自身，應於此聖水匯流處沐浴，
並禮祭桑崗姆靈迦，如此行事，人何須畏懼輪迴？

——《靈迦往世書》（Linga Purana）

3

距今約三千年前，恆河上唯一的交通就是船運，而馬拉維亞鐵橋所在的地點，就是人們來往於恆河兩岸的主要渡口，當時，只要是從東孟加拉欲往西北印的商旅，不論是行旅人畜還是貿易貨物，都得由此渡過恆河。而在鐵橋北方、瓦魯那河以及恆河匯流處的這片羅西迦高地（Rajghat Plateau）上，就站著古代的迦尸城。自古以來，不論是佛典中所稱的迦尸，還是《茶筏落奧義書》（Jabala Up）中所頌揚的「不離地」（Avimukta，諸天祭神之所，濕婆神永不離開之地），指的都是這個地方，而非現在綿延於鐵橋南方的擁擠城市！

「不離地」在何處啊？在瓦魯那河與阿西河中間。
又何為瓦魯那？何為阿西？
人所行之一切過失皆使之遠離，謂之瓦魯那；
人所為之一切罪惡皆使之消滅，謂之阿西。

——《茶筏落奧義書》

西元一九四〇年，一群鐵道工人為了修建迦尸火車站的工程而在此挖掘地基，沒想到卻意外地發現了一部分古老的城牆遺蹟，以及一些破碎的陶器與工藝品。經考古學者判斷，應為西元前九世紀的史蹟，這是目前所找到最早、也是唯一能證實迦尸悠遠歷史的考古資料了。

佛陀過世後到西元六世紀的一千多年間，迦尸一直是各宗教相互競爭、彼此消長的信仰重鎮，到了西元六世紀左右的笈多王朝，濕婆與毗濕奴的大神地位慢慢成型，一神信仰的思維日漸崛起，佛教的勢力就逐步退出這個城市，轉往城郊的鹿野苑，將那兒發展成蓬勃的佛法修學中心。而同屬印度教的濕婆派與毗濕奴派則在歷經長久的激烈戰爭後，由濕婆奪得了最後的勝利——這裡被種下無數象徵濕婆的靈迦，成為濕婆之城！

岩石上有頭戴新月的濕婆足跡，
永遠是信眾的獻祭之地，
你應該右繞並俯身，
看到濕婆的足跡，
虔信的人在捨棄身體之後，
將擺脫罪惡，
成為神的永恆僕人！
——迦黎陀娑《雲使》

濕婆派的苦修者在額頭畫上眼睛，象徵濕婆的第三隻眼。

西元七世紀時，玄奘法師到此朝訪，他在《大唐西域記》中，提到當時城內居民密佈、百姓富足、遍滿珍奇之物、人民溫順、重習技藝，城民多信奉外道，只有少數人歸信佛法：「天祠百餘所，外道萬餘人，並多宗事大自在天，或斷髮，或椎髻，露形無服，塗身以灰，精勤苦行，求出生死。」一千三百多年以前，玄奘筆下的婆羅痆斯國，幾乎與現代的瓦拉那西沒有什麼兩樣，除了佛教已經消失之外，濕婆（大自在天）信仰、苦行外道、裸身無服……等場景，至今在大街小巷間仍然隨處可見。

約莫是西元十二世紀左右的迦訶達婆羅（Gahadavala）王朝統治期間，迦尸到達了前所未有的黃金時期。這個印度教王朝將首都中心設立在羅西迦高地上，他們留下了許多銘文，顯示阿提・耆薩瓦神廟是當時的宗教信仰中心，許多重要的沐浴儀式與奉獻祭典都在這裡舉行。此時期的政

廢棄的船終於像鳥兒一樣自由了，不必再在恆河上日夜奔波……

府對宗教的態度是寬大的，就算國王信奉毗濕奴，其嬪妃仍可以是佛教的支持者。

西元一二〇六年，當回教勢力入侵印度，所做的第一件事就是剷除異教。當時的迦尸被稱為貝拿勒斯，受到了極大的傷害，城中許多神廟遭到摧毀，原基址被蓋上了清真寺；城郊的鹿野苑也被破壞殆盡，這個諸神的城市就此黯淡了五百年。直到十七世紀末，蒙兀兒帝國瓦解，貝拿勒斯在英國殖民之下，終於再一次回到印度教王朝的手中。在接受殖民的二百多年間，英國並未限制宗教，卻對這個城市的風貌做了極大的改變：他們帶進了現代文明，拓寬小巷、填湖造路，讓印度教徒大規模重建寺廟，使貝拿勒斯完全脫離了古代迦尸茂林清流的形象。

一八八七年元月，馬拉維亞橋正式開通，羅西河階自此失去了其渡口的重要性，而羅西迦高地也就慢慢地埋沒在歷史塵煙中。如今，只有風塵僕僕來到這兒的

五津朝聖者（Panchatirthi Pilgrimage）才能讓人想起，這瓦魯那桑崗姆（Sangam，匯流處）曾經擁有多麼神聖輝煌的過往歲月！

既然找到了瓦魯那河，我們也就不再追究賈迦那之前的胡言亂語，在兩河交流的瓦魯那桑崗姆待了一會兒，就讓他調頭南返了。

來的時候船兒是盪在河心，只能遠遠望著兩旁的風光，回程時卻得沿著河岸而行，許多細節就一幕一幕印入眼簾。

這一部分的河岸並不賞心悅目，荒蕪的景象令人感到淒涼，河水的污染非常嚴重，這當然是因為那個大排水溝的緣故，黑色的沙土堆積在岸邊，隱藏著一則一則孤苦的故事：每隔一小段路，就會看到河水刷過黑土，揭露出一具骨骸——有時是一顆頭顱骨嵌在沙中；有時是一排胸肋骨，吸引了大群烏鴉聚集搶食；有時是一副完整的骨架，包在腐爛的衣服裡，還維持著死亡時的姿勢，像是努力想爬到恆河中似的；還有一個小男孩，離世不久，緊閉著雙眼，兩手萎縮在胸前，身體剛開始腫脹，在水中載浮載沉……

直到現在，我閉上眼睛時，依然可以看到那小男孩的表情和模樣，甚至他身上穿的格子背心，都清晰地浮現在眼前。這是一種非常不舒服的感覺，讓人不舒服的並非那屍身，而是它們呈現的方式，那麼卑微、那麼沉默，這些人是誰呢？是用生命的最後氣息千里迢迢行腳而來，一進入聖城邊界就精疲力盡、不支倒地的虔誠朝聖者嗎？還是窮苦潦倒，無法在城中生活的低下種姓？如果這些人的死亡是這麼微不足道，淡如輕風拂過水面，不掀起任何漣漪，那麼他們在活著時，過的又是怎樣一種生活呢？有任何人曾經關心他嗎？他會活在誰的記憶中嗎？還是他的生命一如他的死亡，就像恆河水流靜靜沖過淺灘，不留下半點痕跡？

這樣的想法或許太過感情用事，說不定真正令我不舒服的，只是害怕自己也將像這樣孤獨無聲地死去。我抬眼看看賈迦那，他生在宗教如此昌盛的迦尸，有濕婆神保障他的死後解脫，對這些屍體又作何感想呢？他的表情非常嚴肅，緊皺著眉頭，把臉轉往河心的方向，專心一致地划槳，這是他一路下來划得最沉默而快速的一段了！我想要打破這種寂靜，便問他這裡為何會有這樣多的屍骸，可是他卻沒有回答，只是把槳盪得更快。一直到過了鐵橋之後，他才吐出一口氣，讓船速稍稍慢一些，並且厭惡地搖搖頭，「我不喜歡！我痛恨這些！」

這句話真令人吃驚，我一向以為既然印度人在階級社會中如此認命，對宗教又如此狂熱，面對死亡應該也會更豁然才對，一些書裡不是這麼說過嗎？「瓦拉那西人面對死亡時，就如同歡迎一個等待已久的老朋友一樣！」可是賈迦那表現的卻不是這樣，他雖然緊緊記著一些神話，也深深相信他的神，並且按照規定祭祀沐浴唸經，可是用這些來對付死亡卻並不靈光。我突然想到，他之前東拉西扯，拚命找理由不想往瓦魯那河去，會不會就是因為知道這裡有這些令他痛惡的事物呢？

我很想知道他心中所厭恨的，究竟是那些屍首，還是死亡本身，可是賈迦那緊抿著雙唇，再也不肯多說一句了。

靈迦信仰源自古老土著的性器崇拜，象徵對無盡生命力的崇仰。

Chapter 3 佛陀走進鹿野苑

在我的年少時期，佛陀的事蹟就打動了我，我被年輕的悉達多吸引著，他經歷了無數的內心掙扎和苦痛而成為覺悟者——佛陀。

佛陀勇敢地站出來抨擊當時流行的宗教學說、迷信、祭典和司祭者，以及他們所擁有的一切特權；他斥責形上的玄學和神學、奇蹟、天啟思想和面對不可知事物的做法。佛陀的宣揚是理性的、邏輯的與實證精神的；他著重世間的倫理，而佛陀的教導也有如一種不談玄說異的心理解析。

佛陀的法義猶如遠從高山吹拂而來的陣陣清風，吹進這充滿著虛幻空洞的腐臭空氣裡！

——尼赫魯《印度的發現》

小巷中，一個婦女靜靜地走過聖牛。

郵局前的拉席攤子，老闆如國王般居高臨下。

1

就在預定動身前往鹿野苑的那一天，我們認識了維卡希（Vikash Sawaika）。

年輕的維卡希是一家織品店的小老闆，這家織品店位在達沙蘇瓦美路上一間郵局旁，我們之所以會走到這兒來，並不是為了要去郵局辦事（我們那時還沒有發現那間長得像馬廄的房子是一間郵局），也不是要來買什麼織品（還沒有到買紀念品的時間），我們的目標是瓦拉那西最著名的小吃——拉席（Lassi）！

拉席是全印度都可以見到的涼品，但是因為它不是熟食，而且各地作法不一，有的實在令人難以入口，因此我並不特別愛它。可是瓦拉那西不一樣，我們遇到的每一個人，包括火車上的達士先生，都大力推薦這裡的拉席，而它也沒有讓這些推薦者丟臉，這裡的拉席香醇濃厚，甜度適中，入口清涼舒爽，簡直讓人一見鍾情。經過我們的連

日觀察與交叉比對，發現郵局前面的這家小攤子不論在口味用料或盛裝器皿上，都得了很高的分數，於是我們只要找到藉口，就要來這兒光顧一下。

小攤子旁放了一條長板凳，我們很愛坐在那兒，看著老闆以熟練的動作挖起一塊結實的酸奶酪放進一隻陶甕中，加入一些糖和碎冰，再以雙掌夾住攪拌棒開始搓轉，轉動的木棒會把奶酪打成冰涼清甜的濃醇優格，這雪白的香乳被盛在一隻古樸的紅陶碗中，表面再鋪上一片清香的原味奶酪。我們捧起陶碗，那透過手心傳來的微微清涼，以及跳動在舌尖酸酸甜甜的滋味，絕對足以消融攝氏三十度的暑氣。

維卡希的店就在拉席攤子的斜後方，每次坐在長板凳上享受拉席時，就會看到他們一家人在店裡的白床墊上招待客人。以店舖而言，那是一個很好的位置，在達沙蘇瓦美河階上下來往的人們都要經過它，或許是因為這樣的優勢，所以他們並沒有像一般的織品店請了夥計在門口拉客，少了掮客的壓力，反倒使人更願意走近瞧一瞧。

店面不大，鋪著乾淨的床墊，四面牆上掛著一幅幅的棉布蠟染，有的繪著象頭甘尼夏，有的繪著三眼濕婆，不過，吸引我們駐足的，卻是正中央一幅靛青色的佛陀樹下成道圖。

「Namaste（日安）！」看到我在門口探頭探腦，維卡希和父親一起招呼著。

「Namaste！你們有絲織品嗎？」為了不顯出對佛陀蠟染的特別興趣，以免等會兒殺價困難，我們一邊瀏覽這小小的店面，一邊隨口問著。

「絲織、純棉、手工織品，什麼都有，您要進來看看嗎？」老闆一面說著，一面把他的商品一一秀了出來，身為生意人，他怎麼會看不出我們對蠟染的注意？於是才一下子光景，我們就淪陷在一片多采多姿的神祇蠟染之中。

「濕婆、甘尼夏、杜爾迦（Durga，又譯為「難近母」）、唵（OM）、佛陀……每一種神都有喔！」也不管我們買不買，老闆一個勁兒地抽出一件件的棉布蠟染，唰地一聲抖開，層層疊疊鋪在床墊上。在我們專注欣賞著印度傳統工藝時，維卡希卻對我們身上的裝備起了極大的好奇。

「這是很棒的相機呢！」他盯著W手上已有十二年高齡的Canon135單眼相機，臉上顯出印度人特有的坦率與直接，笑著伸出手來，「可以給我看一看嗎？」

唉！誰能拒絕這麼純真的面容呢？W於是交出了他的老戰友，看著維卡希興奮地把這老古董轉來轉去把玩著，我們的額頭開始微微滲出擔心的汗粒，深怕哪個零件會不小心掉了出來。

「這一個要多少錢？」維卡希突然冒出這個直搗心臟的問題。

唉！這已經是我們第八百次遇到這個問題了！在印度旅行時，人們只要看到你手中拿著什麼新奇的事物，就非搞清楚它值多少錢不可；而每次這個問題一出場，照例總要讓人陷入一陣慌亂的思考當中，物價指數、匯率換算、折舊率……W扳著指頭算了半天，終於吐出一個數字：「大概一萬五千盧比吧！」

聽到這個價格，維卡希連忙坐直身子，雙手慎重地將相機擺正還給W，口中直說：「真好！這是一個好相機，我也希望有一個……」

正在交接間，突然一陣沙塵揚起，W趕緊用擦汗的毛巾擋在相機前，他的動作使維卡希笑了起來。「別擔心，只是有人在掃地。」

果然，就在不遠處，有三個女子正拿著竹掃帚，彎著腰將路中央的垃圾向兩邊掃去，她們揮掃得非常賣力，卻並不將垃圾裝起來運走，風一吹，許多垃圾又回到原來的崗位上，所以無論她們多麼認真工作，路上永遠還是這麼髒亂。

儘管塵土飛揚，路邊還是有一些人老神在在地繼續喝茶理髮，掃地女子年紀都不大，頂多二十來歲，當她們經過這些人身旁時，就得蹲下身子，從他們的腿胯間掃出垃圾。

「她們是首陀羅（Sudra）嗎？」W打破了沉默。

維卡希愣了一會兒，然後笑了起來，「呃……是啊……你居然知道這些印度詞（Hindi），嚇了我一跳！」

「首陀羅是不是都一無所有，生活得很苦呢？」W用絨布拍打著相機上的灰塵，繼續追問。

「不一定哪！他們只要肯做事，也會發財哩！像這些女人做的打掃工作，因為很累又沒有人喜歡做，所以待遇還不錯，一個月至少有二、三千盧比，努力一點的話還可以賺到六、七千哩！」

「那你們怎麼認得出來誰是什麼階級呢？」W丟出了一直困擾著我們的問題。

這下子可難倒了維卡希，他搔了搔頭，相當為難地說：「看就知道了啊！從一個人的言談、衣著、表情和動作都看得出來，即使他是個有錢的首陀羅，還是可以從氣質上看出他的階級，總之我們是一看就知道的。」看來種姓階級已經深深內化入印度文化中了，雖然現在的貧富已不再那麼明確地取決於種姓，但人們心中還是躲藏著「我是某某種姓」的潛意識。

維卡希與父親的小店舖。

清掃路面是卑微種姓的專屬職業，只是，不知道人的尊卑是寫在她的身上，抑或是人心的偏見上？

「像我們家族就是屬於吠舍階級。」維卡希說。這位年輕人今年二十歲，在孟買上大學，主修會計，由於笛瓦利節放假，所以回家幫忙。從言談舉止間可以看出他是個受到父母呵護備至的中產階級少爺，不過，他也很努力地想要成為一個好商人，以承接父親的職業。

「我是家裡唯一的男孩，所以『商人』將是我一生的職業。我父母辛辛苦苦賺錢送我去上大學，就是希望我將來能繼承這間店面，我可不能讓他們失望。」

「這間店傳了很久了嗎？」W把相機放進背包，裡頭另一台更巨大的120相機，以及其他拉拉雜雜的攝影零件讓維卡希看得眼睛都直了。

「呃，這間店面是我父親時才有的，我祖父原先是在別的地方開織品店，後來轉到這裡開餐館，但開餐館實在太累了，所以我父親又改回開織品店。」他一會兒摸摸長鏡頭，一會兒看看閃光燈，露出欣羨的表情。

「那麼你也要繼續經營織品嗎？」我們有些好奇，他這麼喜歡新奇的事物，不像是可以守著傳統織品店的樣子。

「其實我真正想做的是網路店。」果然！他神祕地壓低了聲音說：「等我繼承這間店以後，想把它分隔成兩部分，一半還是賣織品，另一半做網路。不過，我父親並不喜歡這個點子，而且等我畢業以後，網路店的市場也許已經飽和了，所以這些都還只是想想而已。」

我們選好了要買的式樣後，老闆一面包裝，一面呼喚維卡希來幫忙摺起散鋪在床墊上的蠟染織品。此時，我們才發現：店裡的角落佈置著一個小小的神壇，神像前供了花環和神聖的畢爾瓦樹葉（Bel、Bilva，這種樹葉三片一組，人們因此認定它代表濕婆的三叉戟），一支短香正盡責地釋放出濃甜的香氣。他們一家都是虔誠的印度教徒，老實說我們很納悶為什麼他們會把佛陀的蠟染掛在正中央？

「因為有很多佛教徒會來啊！雖然他們的目的地是鹿野苑，可是大多數人會住在瓦拉那西，每個人看到這幅畫都很喜歡呢！」維卡希說。

「那麼你們怎麼看待佛陀呢？他只是一個商品嗎？還是你們認為他是一個神呢？」我們把「血拚」的戰利品塞進背包，丟出了最後一個問題。

「嗯……佛陀是歷史上真正存在過的一個人，他很偉大，我們都很尊敬他，可是我的神是濕婆、黑天和哈努曼等等，那又不一樣了！」

維卡希似乎很希望能和我們多聊聊，可是因為這意外的邂逅，我們已經延遲了行程，再不出發，待會兒太陽就會太烈了。

「真的那麼趕嗎？要去哪裡呢？」他和我們握握手，一副依依不捨的樣子。

「就是鹿野苑哪！我們也是佛教徒呀！」

酷似佛頭的雕像立在印度教的地盤上，顯出奇特詭異的氣氛！

「那我幫你們招電動三輪車（Auto-Rickshaw）吧！你們自己叫車一定會被司機當冤大頭。」

維卡希領著我們到沙塵飛揚的大街上，看我們上了車才離去。

和維卡希的相識使我們想起了二千五百年前，某個迦尸富商之子和佛陀的深厚淵源，因著這個淵源，佛教得以在此萌芽，並且迅速蔓延到整片恆河平原。可是維卡希多半是不會知道這些事的，因為，現在的瓦拉那西已經是濕婆的城市了！

2

我們坐在無門透風的電動三輪車裡，在顛簸的沙爾納斯路（Sarnath Rd.）上，像盒子裡的跳豆般被丟來甩去地往鹿野苑蹣跚前進，途中不時會有一陣熱風吹過，揚起一片黃塵沙幕，把我們搞得灰頭土臉、咳嗽流淚。可是我們沒得抱怨，一來是因為司機說快要入冬了，所以空氣還算好的；二來是比起二千五百年前行腳而來的佛陀，還能有車子坐的我們已經算是五星級的享受了！

身為佛弟子，如果要為佛陀的一生下個註解，難免會有為自己的導師歌功頌德的嫌疑，可是如果一個身受西方與印度思想影響的近代世界偉人——印度首任總理尼赫魯，也曾公開表示對佛陀的至高崇仰，那無異是提醒世人們，對佛陀的言行教說與歷史地位，應該重新地認識與思索。

佛陀的出生背景，即令在現代，也是要讓許多人稱羨的：迦毗羅衛的王子、高貴的血統、父母全心的愛護照顧、遊玩的宮殿和蓮花池、完整的文武修學、國族同胞的期望愛戴，還有美麗可愛的妻兒……換上任何人在這樣的環境裡，大概都會接受自己的使命，安安穩穩地度過這一生。

可是年輕的悉達多卻選擇了另一條路。

他在二十九歲那年的一個夜裡，離開了喜馬拉雅山麓的家園，來到豐沃的恆河平原，尋求解開生命迷惑的道路。經過六年的尋師訪道與苦行禪修後，他終於覺悟到，原來世間的一切問題，都是來自於平凡的身心五蘊（編註：佛教用語，指色、受、想、行、識）之中，除了真正地了解自己，沒有任何其他的救贖道路。於是，他來到一個幽靜的小村落——烏留頻螺村（Uruvela）外，在一棵濃蔭蔽日的大樹下，獨自專精向內思維，而不再向外尋求。

在一個平靜的夜裡，他終於突破無明的遮蔽，親身經驗了苦惱的聚合成熟，徹底知曉「自我」

坐在小舟中，盡覽瓦拉那西河岸風光。

河中的修行人，彷彿剛從千古壁畫中走出來。

樹影間的達美克塔

的錯見與迷惑，也實際體證了煩憂雜染的消散解離，從那以後，他就把自己稱為「覺悟的人」——佛陀（Buddha）！

造屋之人，終為所獲；今此房舍，毋令再築！
屋頂已傾，樑柱已折；心離造作，貪愛盡滅！
（註：房舍意為「自我」）

——巴利文《法句經》第154經（佛陀正覺時刻所說之語）

當佛陀從那無上的法喜中平靜下來時，馬上就發現自己陷入了一個為難的局面：他知道自己證悟的是一個樸質深刻的真實之法，而那時的社會，祭祀的火焰燃得正旺，讚頌的歌聲唱得正響，生命的尊嚴被階級貴賤綑綁得無處可逃，婆羅門緊緊握著人心最脆弱的地方……在人們仍深深依賴著神力救贖的情況下，有人能夠接受這不說玄妙神通、不以滿足人心期待為目的深奧佛法嗎？佛陀陷入深深的沉思中。

我成道極難，為在樔窟說，貪恚愚癡者，不能入此法。
逆流迴生死，深妙甚難解，著欲無所見，愚闇身所覆。

——《四分律（卷32）受戒揵度之一》

正當佛陀為了是否要與世人分享這生命之法而舉棋不定時，他看到了池塘中盛放的蓮花，有的花兒還含苞沉在水中，有的正浮出水面，有的卻已伸展出水面婀娜綻放了。佛陀於是體認到世人就像這些蓮花，就算大部分的人都昏昧如盲，總也會有少數心靈敏銳的人們，能夠開出菩提的花朵。於是佛陀不再猶豫，他離座起身，正式踏出了自證苦盡、弘法利他的道路。

佛陀把這生命之路的第一步，給了古城迦尸！

當時，迦尸城北大約十公里處，有一片茂密的森林，那兒由於經常有野鹿漫遊以及修行者和平共住，因此人們稱它為「鹿野苑」，而由於古印度的苦修者被稱為「仙人」，所以這一帶又被稱為「仙人住處」。

鹿野林園不但環境清幽，附近又有民豐物庶、商賈雲集的迦尸城可托缽維持生活的基本需要，正是苦修行者們理想的聚集之所。此外，城中百姓多為吠舍種姓，在宗教知見上沒有那麼重的包袱，加上迦尸位在往來頻繁的交通要道上，居民見多識廣，心胸自然較為開闊，對於新的思想必定也較易接受。最重要的是，佛陀知道他昔日的五位修行舊友也在那兒，在那個門戶觀念深重的時代，他們將是佛陀傳衍教法的最佳人選。

就在佛陀踽踽獨行前往迦尸的途中，遇到一位外道修行者優波迦，這個修行人的眼光是很不錯的，因為他一眼就看出佛陀氣

在瓦拉那西，沐浴是修行的一部分。

質不凡，似已得到修行的智慧。可惜他的腦袋卻不怎麼靈光，因為當他聽到佛陀的法中既沒有吠陀、又不說梵我，而且還自稱無師自證，便自作聰明地認定佛陀大概是一個只會吹牛皮的沙門，因而輕蔑地離去了。結果這位優波迦不但失去了成為佛陀第一位入室弟子的機會，而且還為佛陀之前是否為眾生說法的猶豫，做了最佳的註解。

優波迦的離去並沒能使佛陀挫折，事實上，現在已經沒有什麼事能挫折他了。佛陀踏著堅毅的步伐，走過近三百公里的路程，終於來到了迦尸的恆河岸邊。

如來漸前行　至於迦尸城
其地勝莊嚴　如天帝釋宮
恆河波羅奈　二水雙流間
林木花果茂　禽獸同群遊
閒寂無喧俗　古仙人所居
如來光照耀　倍增其鮮明

——馬鳴《佛所行讚》

當時雖然正值恆河枯水期，河面不似雨季時那麼深廣，但欲渡河前往對岸的迦尸，仍需依靠舟楫才有可能，於是佛陀便

央請一旁等候載客的船伕幫忙，沒想到船伕竟表示必須有船資才行，於是佛陀告訴船伕，他已斷除世間欲貪，一切財富在他眼中與土石無異，因此實在沒有錢財可以支付，無奈船伕聽完以後，仍然以養家活命為理由，堅持佛陀應付船費才能上船。

此時，天空突然飛來百隻雁群，從此岸飛過彼岸，直往遙遠的天邊，佛陀看到此景，心有所感地說：「雁群憑自己的力量飛渡恆河，從不曾問船伕渡資價金，當憑著自己的力量，才能飛空自在而隨意所往啊！」於是佛陀不再多言。不久之後，他竟悄悄出現在對岸，船伕見狀大感驚奇，不禁心生慚愧而後悔不已。

當時佛陀渡過恆河的地點，應該就是現在馬拉維亞鐵橋所在之處吧！根據《佛本行集經》中的描述，佛陀是運用神通之力飛躍恆河過渡到彼岸的，不過，不論佛陀是因為乾季水淺而自行渡過，還是有其他人幫忙載運，或者真是展現神足飛騰入城，這些都不重要了。倒不如把佛陀看到雁群飛渡恆河而升起的「自身出己力，自在隨所安」的感懷，視為對我們的提醒，別忘了佛陀一再勸誡的「當善自精勤，自作洲依」的諄諄教誨，才是比較務實的態度吧！

佛陀千里跋涉，風塵僕僕地來此尋找昔日夥伴，從路上遇到高傲外道和索錢的船伕看來，這一路走得並不順遂。誰知到了鹿野苑之後，迎接他的卻不是熱烈的招呼，而是舊友的冷漠。這是因為在之前共同修行的歲月中，佛陀醒悟到無義的折磨身心並不能得到智慧，因而在舊友面前放棄了苦行，對於當時以佛陀為師法對象的五位同伴而言，佛陀的行為無異是背叛了他們苦行的信仰，因此他們認定佛陀是受不了苦行的生活而自甘墮落，便將他摒棄於外，不再共修來往。現在他們突然看

午後的豔陽下，是船伕們的小憩時光！

到佛陀出現，自然是不會有好臉色的。不過佛陀並不以為忤，他以自然沉穩的態度與散發智慧的氣質，慢慢融化了因誤解而冰封的昔日感情，這五位苦行者終於願意敞開心胸，接受佛陀的到來。只是，他們雖然接納佛陀加入團體，並不表示就能接受他的教導，畢竟苦行除罪、消業生天是當時所有修行人都深信不疑的主流思想，而佛陀竟然要以一個非苦行者的身分來教導五位修苦行的人！對他們而言，自然會相當的排斥與反感，但是佛陀誠懇與鍥而不捨的態度，終於慢慢地卸下了他們的心防。

佛陀首先告訴樂於苦行的他們：人不應耽著於世間的欲樂，但也不應黏著在苛酷自苦的修行方式，遠離苦、樂兩邊，才是讓身心得以解脫的「中道」之路！

當他們修正了錯誤的修行知見後，佛陀接著為他們宣說「苦集滅道」四聖諦法，即是如實的知「苦」、知「苦生」的原因、才會知苦的「熄滅之道」，最後達到身心諸苦永盡無餘的解脫之境。

爾時，世尊告五比丘，此苦聖諦，本所未曾聞法，當正思維，時生，眼、智、明、覺。此苦集，此苦滅，此苦滅道跡聖諦，本所未曾聞法，當正思維，時生，眼、智、明、覺。

復次，苦聖諦智當復知，本所未聞法，當正思維，時生，眼、智、明、覺。

苦集聖諦，已知當斷，本所未曾聞法，當正思維，時生，眼、智、明、覺。

復次，苦集滅，此苦滅聖諦，已知當知作證，本所未聞法，當正思維，時生，眼、智、明、覺。

復以此苦滅道跡聖諦，已知當修，本所未曾聞法，當正思維，時生，眼、智、明、覺。

——《雜阿含經379經・轉法輪經》

▎凝視著祭祀的面容，有好奇，也有虔敬。

佛陀的教說與當時諸大外道思想和婆羅門吠陀經典最顯著的差異，就是他並不急於解釋困擾人心的宇宙有無、神鬼來去、苦行生天等許多遠離切身的問題，而是直接將人心帶回煩惱與苦悶的身心領域，讓人們得以跳脫祭祀消災的儀式魔咒與苦行可得聖道的迷思，重新認識自己的生命真相。

在徐徐的微風中，和暖的陽光下，六個人就這麼圍坐在樹蔭之下，探尋著生命的真理。

時世尊與三人說法，二人乞食，二人所得食，足六人共食。
世尊五人中與二人說法，三人乞食，三人所得食，足六人共食。
爾時世尊勸喻五比丘，漸漸教訓，令發歡喜心。

——《四分律（卷32）受戒揵度之一》

佛陀循序漸進地為五位老夥伴宣說身心的解脫之道，直到他們了悟正法、斷諸疑惑。在五人之中，憍陳如長老首先親證聖道，其餘四人也陸續成就大阿羅漢，成為「滅除煩惱之人」。這無上殊勝的時刻，在佛教歷史上，稱作是「初轉法輪」！由於這五位比丘的皈依，佛教傳衍最重要的「三寶」——佛陀、佛法和僧伽，終於第一次出現在人間了！

3

佛陀在鹿野苑的初試啼音，彷若為乾裂的土地灑下了潤澤的甘霖，他所宣說的解脫淨法，是那樣的樸質親切，如同一股清流緩緩注入恆河的滔滔濁浪中，輕輕喚醒了徬徨無助的迷惑人心。於是迦尸城民開始口耳相傳「仙人住處來了一位解脫的聖者」，佛陀與僧團的名聲不脛而走。

那時迦尸城中有一個年輕男子，名叫耶舍（Yasa），他的出生背景和佛陀是多麼相似啊！生在富庶權貴之家，從小過著王公貴族般的生活，住有冬春夏三時殿，每天只是沉溺遊戲、縱情歡樂。在一個酒醉狂歡的夜晚，耶舍在半夜獨自醒來，看到滿地躺臥著醉倒的男歌女伎，頭髮蓬亂、杯盤狼藉，這糜爛而毫無生氣的景象雖然經常在這裡上演，可是耶舍從來不曾像現在這樣感到如此的厭惡與噁心，甚至深覺恐怖而寒毛豎立。帶著慌亂恐懼的心，耶舍逃離自己的家，漫無目的地四處遊走，黯夜之中，他踉蹌著凌亂的腳步來到了城外的波羅奈河（即瓦魯那河）邊。

> 來此處無為，此處無厄，此處安隱，欲求永寂無為者，欲盡無愛處，滅盡涅槃也。
>
> ——《四分律（卷32）受戒揵度之一》（佛對耶舍說法）

就在河邊，耶舍遇到了正在對岸獨自經行的佛陀。

佛陀端正的顏貌與從容的威儀使這位年輕人生出極大的喜悅，而世尊此時也看到了慌亂無措的耶舍，便招手呼喚他渡河過來。耶舍脫下了珍貴的鞋履，涉水來到佛陀的赤足邊坐了下來。

於是佛陀便為耶舍宣說人心欲望的諸多過患，與佈施、持戒、

摩揵陀俱提寺花園中的佛陀與五比丘像。

生善的世間善法，見耶舍法喜充滿，頗能接受這清淨之法，便繼續為他說苦集滅道四諦聖法，耶舍聽聞之後，當下見法、得法，通達智慧，於是向世尊請求受戒出家修行，佛陀接受了耶舍的要求，讓他進入僧團，成為清淨的比丘。

調伏寂靜持淨戒　常以妙法自莊嚴
於諸含識無害心　是謂沙門苾芻行

——《根本說一切有部毘奈耶破僧事（卷6）》

就在這個時候，發現耶舍失蹤的父親及家人慌忙地來到河邊尋找愛子，正好遇見了佛陀，佛陀知道他正為失子所苦，便為他解說離欲之法，並讚歎出離之樂。

耶舍的父親聽完佛陀的教誨之後，當下也心生歡喜，斷諸疑惑，於是皈依佛法僧三寶，成為佛教最初的優婆塞——在家男信眾！不久之後，耶舍的母親及妻子也皈依成為優婆夷，是為佛教最初的在家女信眾。

耶舍的出家，在佛教史上是一件極具意義的大事！

因為最早皈依的五比丘畢竟都是長年苦行、遊化世間的修行人，而且和佛陀又有著往日同修的淵源，自然比較容易接受教導；可是耶舍卻只是一個富商之子，一位平凡的吠舍種姓，他不但從不認識佛陀，而且也從未經歷過傳統的修行生活，這樣一個年輕人竟能接受佛陀的教法，而且還成為佛教第六位出家比丘，足以證明佛法並不因修行經驗的有無而有理解證道上的差異，同時也顯示了非婆羅門的平民大眾對佛法的高度接受。

除此之外，耶舍父母的皈依護持，更說明了佛教並不是一個對外封閉、講究種姓的修行集團。在佛經中，佛陀自始至終都沒有問耶舍與他的家人是屬於何等種姓或是職業，他只是毫無差別地為正被身心迷惑所苦的人，講解離欲解脫之法——不論眼前的人是平凡小民，還是高貴的婆羅門。依著這樣慈悲無私的平等教化，佛陀為芸芸的眾生開創了一條完全不同於婆羅門與苦行者的人間解脫道路！

禮敬佛陀。

耶舍一家皈依佛陀的消息，很快就傳遍了整個迦尸城，城民們開始議論紛紛，並對佛陀及佛法產生了濃厚的興趣與信心；此時，耶舍有四個同樣出身於城中富豪人家的昔日好友，也相偕來到佛陀座下，請求剃髮出家，世尊也一一為他們開演聖法，然後才讓他們進入僧團修學。

就這樣，在短短的時間內，追隨佛陀修行的人愈來愈多，佛教僧團由原本的五比丘，迅速發展成為數十人甚至上百人的修學團體，寧靜的鹿野林園中，不時可見獨自經行的精進僧侶，或席地而坐的三、兩比丘彼此探求佛法，在佛陀的教導與迦尸城民的護持下，比丘們的素質日益提昇，漸漸成長為能獨當一面的弘法僧伽。

終於，在時機成熟的某一天，佛陀召集了所有的弟子，告訴他們現在該是比丘們分手的時候了。「比丘們啊！我已經脫離一切世間的無明繫縛而得身心的解脫，諸比丘們亦與我相同，你們當慈憫尚在苦海中流轉的世人，為了眾生身心的安樂，你們將在人間遊行並向異地四方而去。獨自一人向前，勿要兩人同行，而我也將獨自一人前往烏留頻螺聚落。」

佛陀同時告訴比丘們，弘法時若遇到有人也希望出家修行，過離欲清淨的生活，在因緣條件成熟之下，可依佛制的戒律為其受具足戒成為僧伽，不必帶回交由佛陀親自剃度。

在佛陀做了這番「向外弘法」的開示之後，原本僧侶群聚的鹿野林園幾乎看不到比丘的身影，所有的聖弟子們都聽從佛陀的教導，為了尚在迷惑苦惱中打轉的人們，向四方出發遊化了！佛法的巨輪，從鹿野苑開始轉動，在迦尸城內儲備能量，然後突破了種族、階級和語言的隔閡，一路輾過婆羅門繫縛在人心上的繩索。在佛陀入滅後，佛弟子們將佛陀的教說傳遍了恆河平原的大小聚落，甚至走出印度，進入全世界。不論是王公貴族，還是凡夫賤民，都能聆聽這智慧的教法，通達清淨無憂的解脫。

只要人心依然有迷惑與苦憂，佛陀智慧的法輪就不會停息，它將在人心最脆弱的地方靜靜地轉動著，等待世人無盡的尋求……

爾時世尊復告諸苾芻曰：

「我於天人繫縛中而得解脫，汝等亦得解脫，汝等應往餘方作諸利益哀愍世間，為諸天人得安樂故，汝等不得雙行，我今亦往優樓頻螺聚落，諸苾芻等咸奉佛教，唯然而去。」

——《根本說一切有部毘奈耶破僧事（卷6）》

達美克塔下的鋪路工人。

4

現代的鹿野苑被稱為「沙爾納斯」（Sarnath），位在瓦拉那西北方約十一公里處。經過三十分鐘的顛簸，越過跨在瓦魯那河上的大橋，車子在近代新建的摩犍陀俱提寺（Mulgandhakuti Vihara）對面的嘟嘟車站停了下來，我們終於再次踏上這個對佛弟子意義深遠的聖地。

每年十一月的第一個滿月日，是摩犍陀俱提寺的落成週年慶，因此街上掛滿了隨風飄響的彩色經幡，我們順著彩幡走進了這座由摩訶菩提協會建造的壯麗僧院。首先映入眼簾的是一座美麗的庭園，陽光下，工人們閃耀著發亮的褐膚，正忙著架設星形的彩色電子跑燈。一群小學生正在進行校外教學，看到我們的相機，全都聚集過來，興奮地指著自己：「Picture！Picture！」完全不理會老師的呼喊。氣急敗壞趕來抓人的老師在弄清楚怎麼一回事以後，竟也笑開了雪白的牙齒，讓我們為他們拍了一張大合照。

摩犍陀俱提寺建於一九三一年，寺內供奉了一尊精緻優雅的佛轉法輪像，牆上繪了優美的濕壁畫，描述佛陀一生的重大事件。幾個西藏佛教徒穿著厚厚的棉襖，頂著紅咚咚的臉頰，虔敬地瀏覽著壁畫；一群緬甸和日本的朝聖團湧進來，走上供佛的高壇，在一位法師的帶領下唱誦起經文，嗡嗡的回聲為這座美麗的寺院添上了幾許莊嚴。

走出寺院來到花園中，左手邊有一座用欄杆圍起來的小園，其中伸展著一棵巨大的菩提樹，據說是摩訶菩提協會的創辦人達摩波羅，特別從斯里蘭卡的菩提聖樹上切枝帶來這裡栽植的，樹下佈置了佛陀與五比丘的雕像，雕像下的石碑鐫刻著佛陀「初轉法輪」的故事。我們又遇到了另一群孩子，他們並未停駐看看碑文，也沒有展現出對這六尊雕像的特別興趣，只是恭敬地繞著菩提樹走了一圈，就快快活活地離開了。一陣清風捲起，把菩提樹搖得沙沙作響，獨自留在樹下的我們望著孩子們打鬧的背影，嘴角不自覺揚起。孩子們啊！或許並不真的認識佛陀和五比丘，但那股恭敬的神態，可真令人動容。

摩犍陀俱提寺的西方，就是最重要的遺蹟公園和博物館。闊別一年，原本不起眼的入口處建起了氣派的大門，大門旁設了售票口，兩個金髮的外國人正在和售票人員爭論著什麼，待我們走近，才發現票口上方用一張小小的牌子寫著：「印度公民每人五盧比，外國旅客每人五美金，遺蹟公園與博物館分開計費。」這張告示看得我們目瞪口呆，一美金可以兌四十七塊盧比呢！難怪那兩位外國旅人要不服了。去年並沒有這樣的票價分別，雖然說這是印度的文化財，史蹟的價值也確實無法用金錢來衡量，然而這兩張票還是讓我們心痛了好久才下定決心。

遺蹟公園中最醒目的，就是巨大壯麗的達美克塔了，這座傲立在藍天白雲間的紅磚大塔據信是阿育王所建的眾多紀念塔之一。達美克塔西方約五十公尺處，可以看到曾經安奉著佛陀舍利以標示世尊初轉法輪之地的法王塔，縱然塔身早已毀壞，那直徑十三點五公尺的基座依舊訴說著曾經站在這兒的佛塔有多麼巨大。

法王塔北方不遠處，有一座由鐵欄杆圍起來的小亭子，裡頭高高低低地站著幾根渾圓光滑的阿育王石柱殘跡，石柱表面刻了阿育王的敕文，勸誡比丘們應精勤持戒，不得製造僧團分裂。有人說這根石柱矗立之處，就是諸比丘聽受佛陀教誨後出發傳法的地點。石柱上頭原本有一座著名的四獅柱頭，石柱傾倒時，它也跟著斷落在附近的草叢間，目前收藏在博物館中。園區裡還散佈著大片的

摩揵陀俱提寺。

所謂的五比丘迎佛塔指的是下方的土堆遺蹟，據考證為西元五世紀笈多時期的建築；上方的八角塔則是十六世紀時回教政權所興建的。

僧院遺蹟，證明這兒曾經是學風鼎盛的佛法修習中心，只是，在佛教衰微後，原本應該是黃袍比丘聚集論法的地方，現在卻擠滿了圍成一圈聽導遊介紹的各國觀光客。

綠草紅磚，藍天白雲，呼嘯匆忙的遊客，靜靜割草的工人，鹿野苑的遺蹟公園，在熱鬧的人聲喧譁中，依然透著一股寧靜的氛圍。

出了遺蹟公園，我們順著主要道路往南走，前往所謂的五比丘迎佛塔。這是一座非常壯觀而奇特的建築，一座巨大的紅磚佛塔遺蹟上方，頂著一座八角型的塔樓，下方的紅磚塔是笈多王朝時期的建築，雖然只餘基座，仍然令人仰望讚歎。塔中曾經挖掘出五比丘迎佛圖等文物，目前挖掘工作仍在進行中，從現場的挖掘規模看來，這必定是一片牽涉年代非常廣泛的遺蹟。上方的蒙古式八角塔樓是十六世紀時回教王朝的作品，沿著磚塔的階梯登上塔樓，可以望見遠方的達美克塔就矗立在一片樹海中，更顯壯麗懾人。

我們在前往公車站的途中，搭上了公共吉普車，又是一陣令人難受的蹦蹦跳跳後，在傍晚五點左右，回到了達沙蘇瓦美路上。我們鑽進小巷尋找餐館填肚子的時候，竟然又遇上了維卡希，他正坐在一間網路店中上網，電腦旁站著一瓶可口可樂，看到我們，他顯然非常高興，不顧我們的婉拒，硬是買了兩瓶可樂請我們。他說他的家就在後面的小巷子裡，趁著晚飯前來查看一下電子信箱中是否有郵件。

「這就是我想開的網路店，你看，這麼小的空間裡可以放五台電腦，上網的費用是一個小時三十盧比，如果都坐滿的話，一小時就有一百五十盧比的進帳，這樣一來，一天營業十個小時就可以賺一千五百盧比了，你們想想看一個月的營業額會有多少？是不是比賣織品好多了？」

看著侃侃而談的維卡希，這樣的年輕，這樣的天真，對未來充滿了計畫，他是否會在某一天，像耶舍一樣突然感到對生命的無奈呢？在那個時候他會去向誰尋求解脫的道路呢？

「我們明天一塊兒去哈努曼神廟吧？」維卡希突然冒出這麼一個邀請，「星期六是祭拜猴神哈努曼的日子，我們一起去吧？」

我突然清醒了過來。

距離耶舍比丘的年代，已經有兩千五百多年了！走入二十一世紀的人們，生活中充滿了飛機、電腦、可樂、巧克力……他們丟棄了佛陀的教法，卻丟不開祭司的搖鈴祝禱。祭火瀰漫的瓦拉那西，現在已經是眾神鼎立的印度教叢林；在香煙繚繞間，我們再也看不到佛陀孑然的孤獨身影，只留下鹿野苑中的片片殘跡，回憶著佛陀曾展現的慈悲心量與智慧的教誨。

「好啊！去看看哈努曼的祭典也好！」我們難以推辭他的盛情。

「太好了！你們可以在那裡祈求哈努曼保祐你們一路平安！」維卡希高興地笑開了。

小巷子裡處處張燈結綵，一片歡慶熱鬧，我們浸淫在笛瓦利帶來的光明活力中，卻又在剎那間，陷入了對佛陀的深深懷念。

Chapter 4 神靈漫舞的吠陀草原

बाबा बिजयाराम

太陽神蘇利耶啊
我禮敬你
你是世界的主宰　以光芒為寶冠
每天從地平線的那端現身　從不缺席
天神讚頌你　惡魔亦然
你為世界帶來光明
事實上　你就是世間的化身

——印度教的晨禱讚詩

急流中的晨禱。

念珠——婆羅門的隨身法器。

1

桑傑（Samjay）浸在水深及胸的恆河中，雙手合十、雙眼緊閉，虔敬地誦出讚頌太陽神的祈禱辭。他是一個年輕的婆羅門，一心一意只想將生命奉獻給神，期望有朝一日能獲得解脫的智慧，回歸無法言喻的永恆大梵。

「太陽就是世界的眼睛，它升起，我們才看得到這個世界；它不升起，世界將是一片黑暗。每天早上我這樣祈禱的時候，就會感覺它給我的力量充滿了全身。」桑傑在清晨的寒風中認真地向我們解釋他的信仰。

桑傑在毗濕奴賓館附設的毗濕奴廟中服務，負責執行每天必要的迎神送神、油燈祭儀（Arati）以及向神明獻供等工作。我們是在去年認識桑傑的，當時因為下榻在毗濕奴賓館，每天早晚都會聽到他噹噹地敲著銅鐘舉行祭祀，使我們好奇得不得了，幾乎天天都要往小神廟報到，纏著他問一些婆羅門思維的問題。對於我們的「糾纏」，桑傑不但沒有不耐，反而熱情到不行，每每總要聊到老管事關燈了才散夥。今年再度來訪，我們無論如何都想再看看這位老朋友。

在河邊陪著桑傑做完晨間沐浴後，我們一塊兒走回他的小神廟。桑傑就住在神廟後面的開放宿舍裡，每天的生活很簡單：清晨太陽還未升起時，要先到河邊沐浴，然後回神廟做請神儀式、誦唸吠陀以及靜坐，之後到一所藝術學院上課，修習繪畫與雕刻；等氣溫漸漸升高，大約午後三點時，他就要禮敬濕婆；晚間七點左右的日落時分，適合禮拜毗濕奴，這時他會舉行黃昏的油燈祭，並將諸神請上床休息。

桑傑的父親也是一位婆羅門，他所有的祭儀知識和經文咒語都是向父親學習而來的，因此談起父親，他就充滿了驕傲。

「我的父親每天要靜坐祈禱十二個小時，唸完四十章《吠陀經》才會起身，和他比起來我還差得遠呢！婆羅門的職責就是祈禱、唸經、靜坐、修行，這才是好婆羅門。你們在河階上有看到許多人坐在雨傘下頭幫人家祈福賺錢吧？那樣不太好。婆羅門幫人們祈福是天生的責任，不應該賺錢，我們修行不就是要遠離這種欲望嗎？心中想著賺錢的人，不算是好的婆羅門！」

桑傑一面說著，一面小心地擦拭斜掛在左肩上的一條細棉線，那是他的婆羅門象徵——梵線。梵線最早的記錄來自於《奧義書》，又稱為「祭祀之線」（Yajna-upavitam），是身上最聖潔的東西，根據婆羅門的律典規定，只有再生族才有資格配帶梵線，除非晚年決定成為一無所有、四處遊行的林棲者，否則再生族須一生佩帶梵線不離此身。

祭祀清淨線，知此無上道，汝為智慧者，繫配有聖線，汝即為祭祀，亦是明祭者。

——《大梵奧義書》

看到我們盯著他的梵線，桑傑立刻解釋道：「我們從五歲開始就可以舉行配帶聖線的入門式（Oupanayana），這是一個再生族一生之中最重要的儀式，因為這代表著婆羅門宗教生命的真正出生。舉行儀式前得先將頭髮剃光，只留一小撮接受宇宙能量。父親會請婆羅門來家中舉行祭典，由一位最德高望重的上師（Guru）把最神聖智慧的《娑毗陀利讚歌》（Savitri）傳授給我，並幫我繫上這條線。從此以後，我就跟著這位上師學習所有的吠陀知識，並且每天祈禱至少一小時。如果有人過了時間還沒有舉辦入門式，就會受到鄙視，甚至會被剝奪掉婆羅門的身分哩！」

桑傑邊說著邊到後頭去換下濕淋淋的圍腰布，套上長沙龍，在腰間綁上一條金黃色的布帶，開始準備早晨的祭祀。

我們跟在他後頭走來走去，對什麼都好奇，不時還要丟出一些傻問題：「我們聽說做這些祭祀可以解脫生天，那麼你是為了生天而做這些嗎？」

桑傑瞬間擺出非常嚴肅的臉。

「不！為了什麼去做祭典祈禱是不好的。譬如說，你看到我拿著油燈在神面前比畫，那只是動作，真正的Puja（祭典禮拜）是在我心中。我全心全意地在祈禱，我在禮敬神的時候，不想其他的事，不說話，也不東張西望，我專心一志。你知道，信念和意志會主宰一切，當頭腦處於清明的狀態時，我會感覺到神在我的身邊，我知道他來了，和我在一起；如果這時祈禱被打斷，我就會感覺到神的不悅和離去，之後可能就會發生不幸的事。」

「所以祈禱必須全心全意，不帶欲求，神自然會有祂的安排。」

談話間，桑傑把小油燈添滿油膏，並以一枝畢爾瓦樹葉蘸取一隻碗中的恆河水，輕輕灑在神像上，那是神的食物。

桑傑是我們在印度認識的相當少數的正統婆羅門梵志，也許是因為年紀尚輕，還充滿著修行的

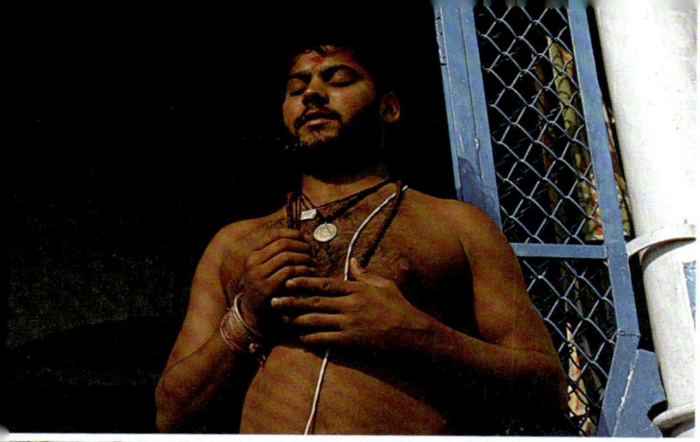

理想，他目前幾乎完全依照婆羅門的規定履行修行的義務，既不願利用祭祀賺錢，也不想成家立業。

對於後者，他的母親是憂心一籮筐。

「母親不喜歡我住在廟裡，她認為我已經二十四歲，應該要娶妻了。可是我不想結婚，你知道的，現在我每天都可以有很多時間獻給神，可是結婚以後時間就得分給妻子小孩，我必須想辦法賺錢養家，整個腦袋就被家庭羈絆住，再也沒有辦法親近神。」

「我要學習佛陀！他離開了家庭的束縛，把生命獻給修行，佛陀非常了不起，所以他能成為一個偉大的神。」

桑傑或許是故意這麼說，因為他知道我們來印度就是為了要尋訪佛陀的

桑傑的晨祭。

擊鼓唱讚、進入忘我的桑傑。

小神壇是眾神的家，也是整個寺廟的信仰心臟。婆羅門侍奉神明有如國君，每天必須喚祂起床，奉獻食物甚至提供娛樂，直到夜裡安送就寢。

足跡，可是我們聽到這話，心頭卻是百感交集——正覺離欲的佛陀確實非常偉大，可是他並沒有說自己是神哪！

桑傑當然不會知道我們的心情，他正高高興興地走出去請同是婆羅門的年輕老闆買供神的花，我們於是有空檔可以好好看看這座小神廟。

面對著大門的是一座涼亭似的精緻神壇，正面畫著神話之中宇宙創造時的情景——毗濕奴躺在無盡蛇（Ananta，又名Sesha）的身上，肚臍裡生出坐在蓮花上的梵天；神壇的正中央供奉著毗濕奴與妻子拉克修美，兩旁分別站著代表濕婆的靈迦與帕瓦蒂（Parvati），毗濕奴的座騎金翅鳥迦樓羅（Garuda）則跪在神壇前。為了爭奪瓦拉那西，這兩對大神夫妻的信眾們一直持續著宗教角力，而他們卻在桑傑的神廟中攜手合作。

神壇正前方有一雙刻在白色大理石上的腳印，上頭撒佈著艷紅的鮮花及閃耀的水珠，怎麼看都像是我們最熟悉的「佛足印」。

在佛陀入滅之後，弟子們為了感念他，在不雕刻佛像的不成文默契下，就以一些象徵物來代表佛陀的色身，其中，因為佛陀以雙足踏遍恆河中游平原，教導無助的人心，故佛足印可說是最具代表性的符號之一。

可是，先前桑傑卻說那個是毗濕奴的足印，這或許是因為毗濕奴最早期的事蹟是以三步跨越三界，因此雙足成為祂的尊貴表徵。然而更大的可能是，在佛陀被印度教吸納為毗濕奴的第九個化身時，也順理成章地接收了足印的象徵吧！

印度教的大門不對外人開啟，因此總予人神祕的想像。

神廟的四面牆上，掛著大大小小少說有一、二十幅神像海報，簡直就是一座諸神的殿堂。摟著牧女吹笛子的是黑天、背著弓箭牽著老婆的是羅摩、抱著象頭甘尼夏的是濕婆、踩著濕婆大跳戰舞的是卡利女神，而抬著一座大山的猴子當然就是哈努曼了！

印度教是印度所有民間信仰收編起來的統稱，所以它的神祇不但多得離譜，而且每個神都有幾萬個化身，分別取了幾萬個名字，每當你覺得已經認識哪個神的時候，祂就會又蹦出一個你從沒看過的樣子，把你搞得精神分裂。

好比我們在加爾各答，正巧遇上一個慶典，街上處處架起臨時的祭壇，上頭供著衣著光鮮的女神。女神有很多手臂，分別拿著不同的武器，坐在一頭獅子上。我們在計程車上一看到那頭獅子，就興高采烈地對著她叫：「杜爾迦！」還滿心以為司機會翹起大姆指來稱讚我們是印度通，誰知司機大哥卻帶著不忍掃興的眼神轉過頭來，小聲地說：「那不是杜爾迦。」

「咦？怎麼可能？騎獅子的就是杜爾迦啊！不然她是誰？」

司機吐出了一個我們從沒聽過的名字：「賈嘎達特利（Jagat Dhatri，眾生之母）！」

看到我們一臉茫然，他又補充說明道：「其實就是卡利母神。」

這下子我們更要抗議了！卡利又黑又兇又血腥，怎麼可能和這美麗光明的女神有什麼關係？

於是，司機先生替我們做了一個簡單的歸納：「杜爾迦、卡利、帕瓦蒂、賈嘎達特利以及查姆達（Chamunda）都是同一個本質，她們全都是濕婆的妻子，只是對付不同敵人時會化身出不同的樣貌罷了！」

當時我們是搞懂了，可是後來我們才發現：這個女神還有千千萬萬個名字和化身，恐怕連她的

虔誠的婆羅門，一天始於讀經、誦咒、靜坐與祭祀。

老公濕婆都搞不清楚到底誰是誰。至於其他千千萬萬個叫不出名堂的神，我們就別提了吧！根據非官方說法，光是瓦拉那西就住了三十三億個神……誰有時間誰自己去數吧！

「鈴鈴鈴——嗚——」桑傑已經準備就緒，開始一邊搖動小手鈴、一邊吹起了迎神的法螺。

其實，不論對這些大神了解多少，和佛陀都沒有任何的關係，因為在佛陀時代，這些角色都還不知道在哪兒哩！不過祂們當然也不是突然就冒出來的，這些叫得出名堂的神，個個都有了不起的神話歷史，好比說象頭甘尼夏，在後期佛典中稱祂為「歡喜天」，是濕婆的妻子帕瓦蒂趁老公不在，自己搓揉身體而造出來的兒子。濕婆回家後，因為誤會而和這個從未見過面的兒子大打出手，一刀砍下了他的頭。後來真相大白，悔不當初的濕婆只好把第一個經過的動物的頭安裝在兒子身上讓他復活，於是他就成了象頭人身。

雖然甘尼夏遇到這種倒霉事，可是在信仰上，他卻是「障礙之主」（Vighnesha）——既能除去一切障礙，又能設置障礙讓壞人吃癟。此外，他還折斷自己的長牙，記下大史詩《摩訶婆羅多》，因而被視為知識之神。祂的許多特徵——圓滾滾的肚皮，總是坐在樹下，又吉祥又恐怖的雙重特質等，讓學者們相信，祂是從久遠以前的土著藥叉信仰演化而來的，至於是多久遠以前，我們不想說「從宇宙創始之初」來敷衍了事，不過，那可真是個很長的故事……

2

大約在西元前一千五百年左右，原本在中亞高原活動的亞利安游牧民族開始大舉往南遷移，其中一支進入印度河流域，和原本住在這裡的土著部落有了密切的「互動」！你知道的，古人互動的方式就是打仗！體型高大、膚色乳白、輪廓深刻、鼻樑高挺的亞利安人騎在高頭大馬上，揚著鐵蹄以游牧民族的驍勇強悍，征服了體型矮小、皮膚深黑、五官扁平的土著部落，奪得了印度河流域的水草土地，後來又進一步往東走，以同樣的優勢漸漸進駐了恆河平原。

「亞利安」的詞意為「血統高貴」，這樣高貴的人既然奪取了人家的土地，就得想辦法處置這些小黑矮人。依著戰勝者理所當然的驕傲與自負，他們讓那些戰敗的土著民族全都成了奴隸，並把人家的部族名稱——例如：「達須」（Dasyu）、「首陀羅」，通通當作「奴隸」的蔑稱，這樣大家就可以生活在一起，而不會有地位上的混淆了。於是，種族之間就這樣以外表特徵與膚色深淺有了貴賤不同的劃分，而印度的種姓制度——瓦爾那（Varna，意為「顏色」）文化也就開始醞釀並逐漸成型。

亞利安人既然有了土地，又有了奴隸可以使喚折磨，就將他們的婆羅門信仰帶進來作為回報，讓他們的神把人家的精靈信仰也踐踏一番，好把那些土著連靈魂都徹底地征服。

婆羅門教是印度歷史最悠久的宗教，歲數遠遠超過三千年以上。它來自於蠻荒與民智未開的時代，當時人們面對的是時而風調雨順、時而狂怒成災的大自然，在這種情況下，他們的生命完全無法掌握，隨時可能受到傷害，每天都處在恐懼與不安之中。

人們對變化萬千的自然現象完全無法了解，因此認定是有個無形的力量在掌控這一切，而這個力量一定也和人一樣，高興的時候就送你一堆好處，不高興的時候就把事情弄得亂七八糟。因此，要減少災害的唯一方法，就是把這個不可知的力量安撫得服服貼貼：送它一些好東西、對它說一些好話，讓它高高興興的不要生氣。至此，祭祀的基本概念就成型了！人們在安撫自然的同時，也安撫了自己恐懼的心，祭祀的儀式與讚頌的祝辭在人們的心理需求下，日益繁複與進步，而負責主持祭祀、讚神祈福的人也就受到人們的尊崇，並逐漸形成一種職業。

遠古的婆羅門教並沒有創教的教主，它的起源是由於在古代的亞利安人中，有一種自稱為婆羅門（Brahman）的人，專門從事敬神、祭祀等宗教儀式的工作，於是後人就將婆羅門所倡導的文化思想與宗教行為，泛稱為婆羅門教。

婆羅門教最根本的經典稱《吠陀》（Veda），據說是古代的仙人受到神的啟示而頌讚出的詩

瑜伽修行者——羅什曼那巴巴。

歌，是印度最古老的聖書，共有《梨俱吠陀》（Rgveda）、《耶柔吠陀》（Yajurveda）、《娑摩吠陀》（Samaveda）及《阿闥婆吠陀》（Atharvaveda）四部，其中又以年代最古老的《梨俱吠陀》，蘊藏最豐富的文化價值。

「吠陀」的原意為「知識」，其主要內容記錄著亞利安人在進入印度河流域（五河流域）定居時期，到逐漸往東方恆河流域發展之時，盛傳於民間的讚歌與頌詩，一般大致推斷為從西元前一千五百年到西元前五、六百年左右陸續成立的文獻。

由於早期的亞利安人是以游牧生活為主，大自然詭譎多變的氣候與逐水草而居的變動生活讓他們對生活充滿不安定的危機感，再加上部族人口逐漸膨脹，水草與土地慢慢不敷所需，因此經常必須與當地的土著民族進行爭奪資源的戰鬥。生存的不易與戰爭的死傷使人們更加不安，因此早期吠陀詩歌的內容大多是對大自然諸神祈求賜福與讚美歌頌為主，譬如對危險黑夜的恐懼，就激發出對黎明到來的歡悅：

像放出柵欄的一群乳牛，
歡樂的光芒來到我們眼前，
清晨的曙光瀰漫在無垠的太空。
光輝照耀的女子啊！
用光明突破黑暗，佈滿虛空，
朝霞啊！
依妳的方式賜福吧！

——《梨俱吠陀》4卷52首

這些讚辭都是由祭司負責誦出與解釋，而《吠陀》既然是神的啟示，那麼婆羅門便自然而然成為神的代言人了。

神的代言人當然是主持祭祀的不二人選，只有能代替神說話的人，才能藉由複雜的儀式與饒舌的咒語，將人民心中的願望傳達給天神知道，並代表神明說出祂是否要賜福給祈求的人。這中間當然是有些弔詭，因為說來說去都是婆羅門的「口」在說，那張「口」的後面是不是真的有個神，實在是很難說。

為了不讓人們提出像我們這樣的疑問，婆羅門必須對天文地理、河流星辰等自然萬物擁有更高的常識，同時也要對人的深層心理需求與反應有更深入的了解。於是，掌握著祭祀的婆羅門就必須掌握知識——掌握到知識，也等於掌握到了權力！姑且不論這些知識究竟正不正確，總之當時的一般人是說不出來的，因此沒有人可以印證或是膽敢懷疑——得罪了婆羅門，他們不幫你主持祭祀，你可就大大不妙囉！於是婆羅門的「口」所述說出來的話語，通通被視為是神的「聖言」，婆羅門在人民心中就是人與天神溝通的媒介。

運用這樣的權威，他們建構了一個婆羅門至上的宗教世界。

如同烈火燃燒青翠的綠樹，學習並了解吠陀的人，將燒盡由罪業而產生的一切污垢！

——《摩奴法典》12——101

一位精通吠陀的婆羅門，其裁決就如同是最具權威的律法，勝過一萬個不學聖典的人的裁決。

——《摩奴法典》12——113

為了傳續這種文化，早期的婆羅門以口耳授受、師徒密傳的方式來傳衍婆羅門教的思想知識，直到很晚期才形諸文字而結集出婆羅門的神聖典籍──「吠陀文獻」，這就是印度文化思想的最源頭，也是唯一可以窺見上古印度模糊生活影像的經文史料，一般稱它所建構的上古生活為「吠陀文化」，而在歷史上，則稱這個時代為「吠陀時期」。

「噹！噹！噹！噹……」

賓館內的打雜小弟阿傑（Ajay）扯起神殿上方的銅鐘繩，宣告祭祀開始。桑傑點燃了小油燈，在神壇前繞圈比畫了起來。一旁的年輕老闆拍著鈴鼓，陷入全心全意的唱讚中，一位婦人坐在角落裡閉目合十，低聲唱和……每個人的表情都是那麼認真、那麼投入，令人為之動容。神殿裡火影晃動、讚歌飛揚，一時之間，我們竟彷如置身在數千年前的吠陀草原上，在熒熒火堆前，參與了遠古的一場盛典。

3

亞利安的神起源於自然現象，進入印度半島後，受到土著精靈信仰的影響，開始把原本無形的神具體化，並依照其各自的特色添上性格，成為擬人化的神祇。於是千千萬萬的自然現象，就漸漸發展成具有不同力量的眾神，編織出一個神靈漫舞的世界。在這個諸神的舞臺上，有幾個重要角色，祂們在當時的戲份很重，而且還把影響力深廣地伸入印度文化的根部，讓人們只要提到「神」就要想到祂們。

首先就是因陀羅（Indra）！

因陀羅是從迅疾猛烈的暴風雨而衍生出的風雨雷霆之神，起源最古老，力量也最強大。在《梨俱吠陀》約一千首的詩歌中，讚頌祂的詩節就占了四分之一，是受到最多頌揚的吠陀神。

我們可以想像一下，在一片平靜的山川草原上，突然間，暴風雨來襲！大地陷入一片昏暗，虛空發出震耳欲聾的聲響，有如群山崩落；銳如利刃的風夾帶著強大的雨水，擊打著四處奔逃尋找掩蔽的人群與牲畜，這力量是多麼令人撕心裂膽！但在一陣呼嘯過後，雲端再度現出光明，原本枯裂的土地上冒出新生的綠牙，乾涸的河床又開始奔流出豐沛的水源……它帶來的生命力又是多麼令人歡欣讚歎。

因陀羅因而成為亞利安人的守護神，人們開始歌詠祂，並且祈求祂以暴雷雨的破壞力打擊敵人，而將生命力賜給自己。

如今我要宣佈因陀羅神所建的功績，

向神明敬獻燈火的油燈祭，是印度教古老儀式的傳承。

傘蓋下的婆羅門，是民間百姓日常信仰生活中所仰賴的人。

祂手執金鋼杵殺去邪惡的龍，
宣洩了堵塞的流水，並貫穿群山。

——《梨俱吠陀》1卷32首

殺死惡蛇，
用刀斧劈開森林般的城塞，
掘挖無數的河水，
劈裂高山如同新瓦罐，
因陀羅與祂的部屬，
帶來了牛群。

——《梨俱吠陀》10卷89首

當時亞利安人與土著民族——達須為了爭奪水源與牛群，爭戰相當慘烈，達須人雖建有堅固的城堡，也有「龍」（Naga，蛇）作為保護神，但一條蛇怎麼能是暴風雨的對手？亞利安人的猛烈進攻就像是肆虐平原的狂風暴雨，將土著部落完全地征服了，因陀羅也因此得到了「城堡破壞者」的稱號。

第二個重要的吠陀神是瓦魯那（Varuna）！

祂代表著蒼天，主掌世間的公義與司法。遍滿的虛空是祂的寶座，以太陽為眼目，以星辰為使者。祂擁有千隻眼睛、全知全能，可以看遍世間的一切——包括隱晦的人心，因此祂能夠公正地裁罰人間的種種問題，並得到「維持秩序者」的稱號。此外，祂也是地表上珍貴水資源——河流的統管者，凡是河水的流向與降雨的多寡都和祂有密切的關係。

譬如瓦拉那西城北的瓦魯那河就與祂同名，起源雖無法考證，但卻可以為這座聖城的悠久歷史做一見證！

無論是站立、行走、攀爬或躲藏，瓦魯那全都知曉，
兩個人祕密的相會，以為無人知道，
他們不知瓦魯那也在那裡！

——《阿闥婆吠陀》卷4 16首

剛剛已經說過了，早期部落民族的爭鬥，大多是為了生存資源的搶奪，而居住在雨量不平均的乾燥環境裡，水源的使用與分配當然就是最容易引爆衝突的導火線了！

在佛經中曾經記載了這樣的事件：

有一年，由於乾旱無雨，造成釋迦族與拘利族共用的河水乾涸而不夠取用，兩族人民都希望將河水改道，只用來灌溉自己的農作物，於是部族間的爭執與衝突愈鬧愈大，在互不相讓的情形下，終於演變為一觸即發的戰爭場面。

水牛死後注定會升天，因為牠們每天都泡在恆河裡！

為了化解兩族間的爭鬥，佛陀親自來到了械鬥現場，並站在河水中央，平和地勸誡兩族人民應以公平合理的方式分配水源，而不應當心懷仇恨，只想將河水占為己有而大動干戈，造成彼此的傷亡與恐懼。

在佛陀的主持下，兩族人民終於化解敵意，放下手中的武器，共謀和平解決之法，一起度過艱困的乾旱期。

佛陀時代尚且如此，那麼更早期的游牧社會對水資源爭奪之激烈就不必多言了。在這種狀況下，人們自然會希望世間能有一個賞罰分明的司法力量，可以公正地分配生存水源，由此就可以想見瓦魯那在人們心中的重要性了。

然而到了吠陀晚期，瓦魯那卻逐漸發展成為單純的水神，地位大大降低。至於是否是因為國家部族日益穩定，才失去其重要性，這就不得而知了。反正人們總是依著自己最迫切的渴求來決定讓哪個神作主角，這事兒可是半點兒也沒得商量！

第三個吠陀主神是阿耆尼（Agni），祂是火神！

火是人類文明最重要的發現，它驅走夜的黑暗，消滅冬的寒冷，卻又能在瞬間將萬物摧毀殆盡。凡是與火接觸之物，轉

左邊站在鱷魚身上的是恆河女神，右邊站在烏龜背上的是亞穆那河女神；這兩條河流是印度的神聖之河，被視為滋養大地的母親。

水神瓦魯那。

火有多旺盛，希望就有多炙烈……

眼之間就消失不見，只餘一縷青煙繚繞，它們被火帶到哪兒去了呢？必定是回到那遍滿三界卻看不到也摸不著的未知力量之中了吧？

火神阿耆尼於是成為天神與人間的媒介，在祭祀中負責將獻給神的供品帶到遙遠的邊界，也因此成為「祭祀之主」。而祂那破除黑暗帶來光明的特性，也被認為能夠淨化災難，帶來財富與繁榮，又被稱為「家主」，為人們守護著家庭的平安。

在《梨俱吠陀》中，祂的讚歌數量僅次於因陀羅。

我讚頌阿耆尼祭祀之主
在祭祀中，汝是天神、祭司、頌讚者，
與至高無上的賜予財富者。
阿耆尼從古至今為仙人們所讚頌，
祈求阿耆尼接引天神到這裡來。

——《梨俱吠陀》1卷1首

直到現代，人們注視著躍動的橙黃火光，依然會為它的光明溫暖與神祕無情而迷眩屏息，因此，當其他的神祇因為屈服於文明科技之下而逐漸淡出宗教舞臺時，阿耆尼卻依舊在印度人民的心中占有不可抹滅的一席之地！

除此之外，還有死神閻摩（Yama），祂是世間第一位死者，開拓了死亡的道路，負責帶領並保衛亡者前往死之國度，是掌管死亡的王者。中國文化中掌管生死大事，統管地獄的閻羅王就是從此而來。

而印度教三大主神之一的保護神毗濕奴（Vishnu），也早在遠古的吠陀時代就已經輕裝登場了。「毗濕奴」的字義由「遍滿」而來，當時祂的戲份只有短短幾首詩歌，描述祂幫忙因陀羅殺死惡魔，與其他主神共享祭品。

祂所做過最為人稱道的事，就是化成小矮人，卻以三步跨越三界而拯救了世間！後來不知是哪一位了不起的經紀人，以這個故事為基礎，幫祂塑造了「化身形象」——凡是人們所景仰尊崇的角色，不論是神話中的獅子、野豬、巨魚，還是歷史上的偉人、英雄、智者，都是毗濕奴的化身，因此《摩訶婆羅多》的黑天、《羅摩衍那》中的羅摩、甚至是佛陀和甘地，不論他們做了多麼了不起的事，榮耀都歸於毗濕奴，這位大神的戲路於是變得無限寬廣，得以在不同的身分中展現祂維續世界的力量，而祂的大能也就因此發展得無量無邊，成為一位可以幻化萬千的救世主，安穩地坐在三大神座的中間！

另外還有一位魯特羅（Rudra），祂在《梨俱吠陀》中沒沒無聞，千年後卻成為印度最廣為人們敬奉的破壞神——濕婆（Shiva）！

濕婆很明顯是亞利安諸神與土著信仰結合的角色：紅棕色的皮膚、青藍色的脖子、頭髮糾結、手持弓箭、姿態怪異，憤怒時任意殘害人畜，高興時又賜予保護，只要對祂的祭祀可以讓祂滿意，就能得到祂的恩賜。這種矛盾性格後來成為濕婆的特徵：既具有無限的破壞力，又能以這力量打擊惡魔，維持三界的平衡。

祂的名字指的是「吉祥」，可是卻又以最不祥的火葬場為家；祂時而是可怖的苦行者，時而又和妻子帕瓦蒂以幸福家庭的姿態出現；祂的象徵物是靈迦——一座突顯雄性力量的長圓柱，可是，如果沒有站在象徵女性力量的臺座（Yoni）上，那它就什麼都不是了。

祂明明是威猛的男性，卻又擁有一半女性性力（Shakti），因而代表著無限的生命力。祂以眼鏡蛇為項鍊，以新月為頭飾，手持破壞的三叉戟，戟上卻掛著創造眾生的小鼓。祂是著名的舞蹈之神，祂的舞步既能毀滅、又能新生……人們無法用種姓、血統、師承、氏族……甚至是性別予以限定分類，於是濕婆的大能也就變得撲朔迷離，無可計量。

在宗教歷史上，祂和毗濕奴為了搶奪第一主角的排名，已經吵了很久很久了！

一齣戲裡如果沒有壞人，可就沒有什麼看頭啦！吠陀舞臺上的反派就是阿修羅（Asura）和羅剎（Rakshas）等。

阿修羅在《梨俱吠陀》中是帶著邪惡魔力、善變而難以捉摸的神。印度教的宇宙觀認為，宇宙是由天、人、冥三界構成，三者力量必須相互平衡，才能維持宇宙正常運作，而阿修羅就是避免天人兩界太過膨脹的第三股勢力，因此雖然和因陀羅唱反調，卻是反得有理。可是到了晚期，人心對善惡的觀念逐漸強烈，阿修羅遂成為帶有「魔」性的邪神，甚至帶領著龐大的魔軍不時與天神交戰，專門破壞世界和平，讓一個原本帶有使命的反派就這樣變成了無厘頭的大壞蛋。

至於羅剎就更無辜了！

羅剎與達須原本都是土著部落的名字，由於爭奪土地時所衍生的民族仇恨心結，使得外來征服者一看到土著人民完全不同的膚色、語言和身材，就要想起征戰時的種種恐懼與敵對情境。而那些被逼迫到只能在險峻山谷、沼澤黑林與孤礁海島間生活的土著，又給人們一種神出鬼沒的錯覺。或許，正是因為土著民族擅長在深幽密林間埋伏作戰，讓習慣在草原上征伐的游牧民族吃盡苦頭，亞利安人才讓他們在吠陀舞臺上扮演邪惡的角色，並把他們的名字作為惡靈的代表，以示污衊。

這些土著的惡靈形象被描繪成凶惡恐怖、膚色紅黑、雙眼發出綠光，並且常常變化成不同生物來欺騙人心然後加以殺害。《梨俱吠陀》中所描述的羅剎有些類似食人族，喜歡吃人、馬、牛等生肉，這也許是起源於土著信仰之中偶爾會用生肉來祭神的習俗。

印度文化中最著名的羅剎，就是《羅摩衍那》中，居住在印度南方楞伽海島上的十頭王羅婆那（Ravana）了。根據推測，所謂的楞伽島就是現在的錫蘭島，而所謂和羅摩大戰的羅剎，其實都是島上的土著。

濕婆信仰遍佈全印度，它的形象無處不在。

這些土著民族為了保護自己的生存空間而奮力抵抗，最後不但被打得落花流水，還要被那些打人的人說成是危險、恐怖、凶殘惡鬼、邪靈、壞神，這大概是全世界弱小民族的共同悲哀吧！

早期的土著部落並沒有統一的宗教，也沒有特定的神，他們的信仰來自於對大自然的敬畏。對這些古早的民族而言，山中有山神，樹裡有樹精，地下有地母，水底有龍王；每種精靈又有其特定的神權管轄區，有的專管財富，有的專管健康，有的專管長壽，有的專管嬰孩的存活……這些精靈如果心情好，就會賜予人們想要的財富平安，可是如果激怒了祂們，就會反過來製造不幸，因此人們無不小心翼翼地安撫著這些神祇。

然而，對戰敗的部族而言，這些山啦、樹啦、蛇啦……祂們的力量再怎麼了不起，終究還是比不上敵人所信奉的大自然現象的威力，於是，在亞利安信仰入侵後，土著神祇就淪落為相當下等的神格，只能叫做「精靈」，而不能稱為神！就這樣，亞利安人如何對待土著民族，他們的大神也就如法炮製，將土著們的神祇牢牢踩在腳底下，或許還要把腳尖轉一轉、捺一捺，使這些精靈壓縮在信仰世界的底層，再也發揮不了什麼力量了！

4

佛陀出世的時候，吠陀諸神已經在宗教舞臺上威風了千餘年，成為人民心中根深蒂固的形象，因此佛陀在說法時，為了讓廣大的民眾能夠了解艱深的法義，偶爾便會借用大家所熟悉的民間信仰或生活中的日常事物來解說，於是這些大神就會不時地出現在佛教經典中。其中最常上場的，當然就是當時最有力量的因陀羅了！

這位戰神在佛經中被稱為「帝釋」或「釋提桓因」（Sakra Kevanam Indra），和梵天並列為最高的天神，居住在印度神話世界中的須彌山頂，統領著忉利天宮（三十三天）。佛陀經常利用祂在人民心中的崇高地位來作為解說佛法的譬喻：

譬如一切三十三天，以帝釋為第一。
如是一切善法，不放逸為其根本，
如上說，乃至涅槃。

——《雜阿含經》882經

與其拚命耗費唇舌解釋勤修正法不放逸有多重要，人家還不一定聽得懂，倒不如用人們已經深植心中的概念來作對比，更容易讓鄉野庶民理解並牢記，這是佛陀善於說法的表現。

除此之外，早期的佛教聖典之中，也經常看到因陀羅對佛陀及諸聖弟子詢問佛法，並表示禮敬讚歎：

一次，帝釋欲往祇樹給孤獨園面見佛陀，便讓御者駕著威武的千馬之車前來待命，出發之前，帝釋先朝向東方合掌恭敬禮佛，一旁的御者見狀，嚇得心驚膽顫、馬鞭落地，帝釋於是問他為何如此驚嚇？御者回答：「帝釋為諸天與大地之王，只有諸天恭敬帝釋的道理，何處會有更尊貴的人能讓帝釋東向合掌禮敬呢？」

帝釋於是告訴御者，祂雖身為三十三天眾之主，然而清淨戒行、調服貪瞋、超越愚癡、解脫諸苦的阿羅漢聖者，卻更值得世人尊敬！

又調伏貪恚　超越愚癡境　修學不放逸　亦恭敬禮彼
貪欲瞋恚癡　悉已永不著　漏盡阿羅漢　復應敬禮彼
若復在居家　奉持於淨戒　如法修布薩　亦復應敬禮

——《雜阿含經》1112經

佛陀說完這故事後，便勸勉比丘們說：「尊貴的天帝釋尚且敬禮讚歎佛、法、僧三寶；諸比丘們正信學法，清淨修行亦當讚歎禮敬佛陀、佛法與僧伽啊！」

佛陀藉著這個故事，強調佛法修學的內涵在於調伏內心諸迷惑，持戒精進不放逸，相信對尚在修學階段的比丘和一般的市井小民而言，這樣的說法一定更感親切。

此外，由於對火神阿耆尼的信仰，當時的婆羅門發展出繁複的火祭儀式，使得佛陀必須經常苦口婆心地開導沉迷於火供的婆羅門，莫將寶貴的生命浪費在虛浮的「火祭」上面。

在這當中，最著名的例子，就是佛陀收服事火婆羅門三迦葉兄弟的故事。

為了讓這些事火的修行人能夠了解火祭的無謂，佛陀曾經用旺盛的烈火來比喻燒灼人心的諸多苦惱：

世間一切都在燃燒，人的全身都在燃燒，這些是以什麼在燃燒？我說是以貪火、瞋火、痴火（在燃燒）；以生、老、病、死、憂、悲、苦惱、哀傷、絕望等（火）而燃燒。

——巴利文《律藏・大品・火喻經》

佛陀親切的說法，讓當時許多崇拜火祭的修行人明白了「唯有熄滅心中三毒，才能滅除有如火燒的憂惱」，因而紛紛將木杓、碳爐、鹿皮衣等祭祀火神的器皿丟棄，走上佛法的清淨道路。

另外，阿修羅的反派形象也被佛教吸收進來，描述祂因心中常懷嗔恨，所以形象醜陋怪異。祂

冰冷的佛教石窟中，卻刻劃著印度教的神祇。

千年石窟中的佛陀。

在民間故事中和因陀羅的對立爭戰，也常被佛陀借來說法，只是重點並非擺在精采的戰爭情節，而是另有所喻：

有一次，帝釋率領的天軍敗給阿修羅軍，在倉皇逃回天宮的路上，帝釋突然在一棵樹下發現了一個鳥巢，其中還有剛剛誕生的幼鳥。為了怕軍隊馬車踩死鳥群，帝釋便命令軍隊回返原路。

此時馬伕勸說萬萬不可，要是返回原路將遇上追來的阿修羅軍，但慈悲的帝釋卻堅定地表示，寧可被阿修羅所殺，也不讓軍隊傷害眾生，說完即掉頭返還。

誰知阿修羅軍遠遠望見帝釋軍隊去而復返，以為中敵軍計，心生恐懼，敗逃回居所。

佛陀說完後，很慎重地告訴弟子們：因為一念慈心，所以能摧毀魔軍，佛陀以此勸勉弟子們應修慈心，亦應讚歎慈心！

佛告諸比丘，彼天帝釋於三十三天為自在王，以慈心故，威力摧伏阿修羅軍，亦常讚歎慈心功德。汝等比丘正信非家，出家學道，當修慈心，亦應讚歎慈心功德。

——《大正藏‧雜阿含經》1222經

印度人是聽神話長大的，在那個神靈漫舞的年代，根本沒有所謂教育普及的觀念，因為知識是掌握在權貴階級手中的利器。因此佛陀選擇因應當時的社會環境，以人們深信不疑的諸神來善作比喻，如此不但不會造成對立，而且可以化導婆羅門的泛神信仰，讓原本的吠陀修行人能心生敬信，在不知不覺間啟發智慧而接受佛法。同時，一般的販夫走卒、市井小民也能藉著活潑有趣的故事情節，來了解佛法的深意，並於生活中實行善道，這原是佛陀教化世間的一片用心良苦。

只是，我們也都知道，精采的神鬼故事好記，平實的教導勸說卻常被忽略，因此，在後人的口耳相傳間，人們大多只記得佛陀說過這麼一個有關神的故事，至於其中的佛法內涵，

恆河日出。
「黎明啊！
你有如美麗的少女，在我的眼前，
以耀眼的方式展現你沐浴後亮潔的肌膚；
神女啊！
你發出的光芒，拭去了黑暗的怨恨。」

卻愈傳愈貧乏，最後終於被人所遺忘，而許多民間崇拜的神祇就隨著故事進入佛教，成為佛教的神。比如說毗濕奴就出現在晚期佛經中，成為韋紐天、那羅延天，並且主張只要精誠祈禱、勤事祭祀，就可多獲神力，而濕婆也成為密教中大日如來的應現，被視為重要的保護神。

西元七世紀以後，為了與日益興盛的印度教一爭短長，佛教的神靈愈來愈多，救贖力量愈來愈寬廣，形象也愈來愈怪異。於是，佛陀初始為比丘及大眾宣說的佛法智慧，以及身為心靈導師的殷切勸勉，就漸漸淹沒在一片神靈之海裡，而人間佛陀，也就模糊在天、魔、神、鬼的虛幻國度中了！

5

你是一切，你是唯一，你是至高至上的力量，你是萬能全知，你是父親母親，你是遍滿虛空，只要虔誠祈禱，必有回報。

你是一切，一切是你！

桑傑左手搖著小銅鈴，右手舞弄著燈火，一旁所有的人就在鐘聲與鈴聲間唱著這樣的讚歌，整座神廟沉浸在濃濃的神祕氣氛中。

神廟內火光與汗水交錯，神廟外卻是清風拂過豔陽，彷如另一個時空。幾個日本女孩嘰嘰喳喳地聊天、一對美國兄妹研究著相機、兩個德國人把洗好的衣物晾在矮牆上……擁有絕佳恆河景觀與露天咖啡座的毗濕奴賓館，每年都吸引著無數慕名而來的自助旅行者，儼然是瓦拉那西的地下聯合國總部。可是，沒有一個人對這響徹雲霄的銅鐘唱讚顯出任何好奇，他們的眼睛始終面向恆河與手中的工作。或許，有這樣印度氣氛濃厚的宗教樂音作背景，已經足以滿足人們前來印度尋找的感覺了，至於神廟中究竟藏著什麼樣的故事，也就不那麼重要了。

我們兩個是唯一參與祭儀的外人，看著桑傑神情嚴肅地舞動肢體，阿傑奮力地拉扯銅鐘，每個人都汗水淋漓，我們不禁陷入深深的感動中。即使沒有觀眾，桑傑依然認真地走著自己的道路，他努力拋開世俗的羈絆，努力做一個正當的修行人，並且以身為一個純淨正統、獻身宗教的婆羅門而自豪，而那是三千多年前，傳承於吠陀草原上的自豪！

聖牛的步伐，認真而穩重。

Chapter 5 車伕與婆羅門

即使是廉價的生命，
善人依然充滿憐憫，
月亮不會收起光芒，
遠離賤民的屋頂啊！

——梵語《嘉言集》

濕婆派的靈修者，靜默無聲地通過吵雜的巷弄。

三輪車伕的一生，流轉在雙腳奮力的踩踏間……

1

這是一間只有兩坪大的昏暗小屋子，進門的牆邊站著一張小桌，上頭放了些瓶罐鍋盤，就算是一個廚房了。右手邊的角落地上鋪了一塊薄布，黑暗中，一個人影正躺在上面睡著。一架黑白電視無聊地播放著歌舞片，畫面因映象管老舊而滿佈了一條條的干擾線，彷彿正下著大雨，可是卻沒有聲音。

這兒是毗諾的家！

毗諾（Binod）是一個三輪車伕，有一張二十郎當的稚氣臉龐，穿著乾淨整齊的襯衫，頸子上還掛著一對耳機，與其說他是個車伕，我倒寧願相信他是個家境不錯的大學生。和他的認識，其實是一見鍾情的結果。那時，我們正在達沙蘇瓦美路上層層推擠的人牆間捕捉慶典的熱鬧氣氛，街上很亂，我們必須非常專心，才能掌握彼此的狀況。可是毗諾一看到我們，就開始緊迫盯人，一路跟在我們耳邊絮絮叨叨地唸著：「要市區觀光嗎？一個小時三十盧比，很便宜的，去哪兒都行，如何？要坐車嗎？只要三十盧比……」

人就是這麼奇怪，一件原本沒什麼不好的事，如果被推銷得太用力，我們就要開始懷疑其中是否有陷阱。譬如說，我們並不排斥市區瀏覽，事實上，這原本就在我們的行程計畫中，可是毗諾不停地遊說，卻激起潛藏在旅人內心深處的不安全感，使我們起了莫名的疑懼，一時之間，只想儘快擺脫他，於是丟下一句「等我們吃完飯後再談」，便躲入一旁的餐館中不再搭理他。

小餐館的跑堂男孩將我們帶到二樓的包廂，正好可以居高臨下眺望街景，於是我們便看到了依然站在店門口的毗諾。

他把耳機塞進耳朵裡，按下了隨身聽的開關，然後雙手插在褲袋中，沒有要去拉其他客人的樣子，看來是真的要等我們用餐了。中午的太陽正炙烈，他倒滿不在乎，臉上沒有一絲不耐或不悅，這種平和的態度再次震撼了我們。

我說「再次」，是因為我們在印度已看過太多這種表情了。

譬如說去年在秣菟羅（Mathura）載我們到博物館的三輪車伕，明明告訴他不必等我們，可是在四個小時過後、當我們心滿意足地從佛教藝術的殿堂中走出來時，卻看到他仍待在原地，臉上就帶著毗諾現在的表情。他們究竟是太懶惰、太知足，還是太了解「一鳥在手勝於十鳥在林」的道理？雖然我們永遠都搞不懂他們真正的想法，不過卻可以確定，印度人絕對是世界上最善於等待的一群。

毗諾的等待沒有落空，我們終究上了他的車，讓他載著往北方市區裡逛了一圈。一路上，他也和賈迦那一樣訴說著生活的艱困，可是臉上卻始終掛著淡淡的笑容，使我們對他起了很大的興趣，於是當他問我們還想去哪裡的時候，我們就大膽地提出了想到他家裡去看看的要求。

對於這個提議，毗諾帶著靦腆卻難掩興奮的神情，一口就答應了。

毗諾那小小的家裡住著爸爸、弟弟、妹妹、妹夫，還有他自己和太太，爸爸在附近開絲織品店，因此只有妹妹和妹夫在家，毗諾的妹夫原本幫幼稚園踩娃娃車，前一陣子大腿內側突然長出了一顆大瘤，現在只能躺在家裡休息。看到我們，他趕忙勉力坐起，讓出一些空間，才十八歲的妹妹絞著雙手站在一旁，露出靦腆的笑容。

「請進！隨便坐！」毗諾一面招呼著，一面掏出十盧比塞給妹妹，讓她去張羅待客的奶茶。幽暗的小房間中根本容不下這麼多人，我們很想坐下，可是卻找不到空位，於是他便帶我們穿過小小的天井，爬上簡陋的階梯，到他夏天的房間——露天的屋頂平臺上！午後的陽光裡，毗諾一面打開靠在牆邊的破舊海灘床充當坐椅，一面說著睡在屋頂的眾多好處，看來要是印度沒有雨季，他一定不會搬回屋裡。

和全印度的車伕一樣，毗諾的生活並不好過。早上八點上工，要到晚上九點才得休息。除了妹妹，他還得供一個十二歲的弟弟上學，他自己從來沒有唸過書，卻在恆河邊抓著外國人自己練了一口印度式的英文。

「我還會日文和義大利文呢！」毗諾很得意地吐出一串我們聽不懂的外文，證明自己不是吹牛。他從十歲開始踩三輪車維生，至今已十年了。他固定在達沙蘇瓦美路底叫客，地點算是很好，但工作非常辛苦，雨季時得泡在水中，乾季時又得受毒烈的太陽炙烤，一個不小心還會被警察捉住小辮子，藉機索討保護費。「如果不給就會挨打。」毗諾比了一個打耳光的動作，臉上餘悸猶存。

除了保護費，他還得付每天三十盧比的三輪車租金和每個月五百塊的房租。「有好幾次我付不出房租，差點兒被房東趕出來呢！」辛苦賺來的錢被這樣東扣西減後，剩下的只夠糊口，「每天都只能吃乾麵餅（Chapati）。」毗諾說。

談話間，妹妹走上樓來，在毗諾的耳旁說了些什麼，兩人討論了一陣子，妹妹又下樓了。

「對不起！買不到牛奶，喝檸檬茶好嗎？」他很不好意思地詢問，因為印度人的習俗是要請來家中的客人喝奶茶，檸檬茶雖然也很好，可是終究不如奶茶道地。

毗諾住在回教區裡，這裡的人都穿著白袍，戴著小白帽，可是毗諾把手撫在胸前，認真地說：「我的神是濕婆！我禮敬祂！」他剛新婚兩個月，太太已經懷孕了，或許是因為這樣，所以他並沒有一般低下階層的悲情面容。他雖然為了生活而早熟，但還是留著一些稚氣，在旺季時好不容易賺的錢，就拿去買隨身聽、看電影，還特別喜歡阿諾和成龍的片子，完全沒有存錢的概念。

車伕毗諾。
毗諾的家。

妹妹端來了熱呼呼的檸檬茶，一一分給我們。捏著燙手的玻璃杯，我們問他對未來的希望是什麼，可是毗諾愣住了，臉上出現了一個大問號。

「呃……這……你是說……」他聽不懂這個問題，只好把剛才說過的事情又重複了一遍。

於是，我們只得換各種其他的說法：「如果有錢你會拿去做什麼？」「未來你想做什麼？譬如說想去哪裡、想買什麼東西……？」

一陣比手畫腳、雞同鴨講之後，毗諾終於弄懂了英文字「Wish」、「Hope」的意思，這大概是他生命中第一次和這兩個字發生關係吧！

「如果有能力，我要離開這裡！」毗諾堅定地說。

這個答案使我們有些意外，「離開以後想去哪兒呢？」

毗諾思索了幾秒鐘後說：「不知道，隨便都可以，只要能離開這裡！」

「可是，離開這裡你要做什麼呢？」我們開始感到有些難過。

「我是個好車伕，我也只能做車伕啊！」毗諾說著，將杯中的檸檬茶一飲而盡，發黃的眼睛透出些許茫然。

屋頂上的陽光燦燦，清風徐徐，可是眼前的氣氛卻有些沉重，幫不上忙的我們，卻在聆聽他生命中的無奈，這樣會不會太殘忍了一些？或許，他自己也很明白，等待著他的是注定勞苦的一生，所謂離開，也只是想逃離這種生命吧！

毗諾起身收拾杯子，臉上露出了接受這種無奈的認命笑容，這是每一個勞動階層臉上都可以看

忙著清除河階淤沙的勞工們。

辛勤與苦澀的洗衣匠歲月中也有鮮豔與美麗！他們用兩條緊緊纏繞的麻繩當作曬衣夾，則顯現平凡生活中的小小智慧。

到的笑容。我們完全無法體會這是怎麼一回事！在他們的世界中，有像桑傑那麼光明的表情，也有像賈迦那和毗諾這樣總是帶點無奈的容顏，這兩種面容每每在市井閭巷間擦身交錯，卻沒有人覺得有什麼不對勁，大家在自己的位置上各自領受生活的悲喜，如此親近，卻又如此冷漠。

我們當然了解印度的種姓制度將世界建造為一座無底深井，桑傑是坐在井邊階梯上的人，陽光充足；毗諾是坐在階梯下水邊的人，幽暗陰冷；在毗諾下面，還有許多人泡在水中，拚命想搶一口呼吸……

我們當然了解，只是，我們永遠無法體會那種認命。

2

種姓制度大概是婆羅門思想最完美的藝術傑作了！

他們將政治、宗教、哲學、神學、血統種族與日常生活放進搖搖杯中，奮力地搖了三千多年，讓這些元素充分地混合，於是便產生了一個牢不可破的社會結構，到目前為止，它在印度還沒有碰到過敵手。

在亞利安人進入恆河流域後，原本以畜牧為主的生活慢慢轉變為農業社會，進而發展出一種全新的生活文化。

西元前一千年左右的社會結構裡，因為各自所從事工作的不同，而隱然存在有三種族群：從事神職祭祀的婆羅門、統領大眾並且負責作戰的剎帝利（Kshatriya），以及一般的農工商人吠舍（Vaishya），而當他們征服了土著民族後，就讓這些又黑又矮、五官扁平的小土人為他們做一些沒有人要做的苦差事，例如清理穢物、屠宰、苦力等勞動工作，並將這個受奴役的族群稱為首陀羅。於是，最初的四姓制度就成型了。

為了讓各個族群都能心甘情願地安於自己的地位，並做好自己的份內工作，婆羅門便向大家解釋宇宙和人類是怎麼來的：「我們都是從一個巨大原人（Purusa）的身體各部分生出來的。婆羅門是原人的清淨之口，原人的手臂則生出剎帝利、腰腹大腿生出吠舍，而從最骯髒的雙腳生出來的就是首陀羅。」前三種族群在死後可以再次輪迴到世上，因此稱為「再生族」，但是首陀羅死了就死了，無法再次轉生，所以又稱為「一生族」。

人們的「口」一般用於進食維持生命與唱歌讚頌神明，那是多麼高貴，而手臂則負責處理日常作務並執掌武器保衛自身，那又是多麼重要。因此，主掌祭祀讚神的婆羅門與擁有武力權勢的剎帝利，當然是屬於最高階層，而人數最多的吠舍維持著社會活動的主要命脈，雖然地位平平，總還是高過以勞力、殺生等低賤職業為生的首陀羅。

這個原人的概念以詩歌形式記載在《吠陀經》中，而根據婆羅門的說法，吠陀是神藉由仙人之口說出的，因此，這也就是神的意思。在那個民智未開的時代，誰敢懷疑神呢？於是，這四個族群在精神上就有了高低貴賤的階級分別，這種階級概念挾著神的權威，鑽入人們深沉的潛意識中，彷如纏繞蔓延的腫瘤，再也無法摘除。

擁有私人神祠的婆羅門祭司，地位自然更高人一等。

亞利安人進入肥沃的恆河平原後，不久就發現了鐵礦，於是人們開始用鐵來製作農具、獵具和武器等，使農林畜牧各方面的生產都更為豐饒。隨著生活的改善與人口的增加，部落村舍逐漸發展為小型的城市，商業的交流也更為密集，原本單純的人畜與自然的關係，漸漸轉變為分工細密的社會組織，許多新興行業如皮匠、陶工、木匠、剃髮師等相繼出現，於是以職業為區隔的種姓分支就愈來愈龐大，而社會進步所造成的貧富懸殊，也讓區分貴賤的「四姓制度」有了更成熟的發展。

此時，人們已不再那麼害怕大自然的力量了，他們對自然現象的來來去去已經有了大概的了解，而且也有了保護自己的基本能力，因此，便開始有人對婆羅門利用奢侈繁雜的祭典來安撫神明、祈求賜福的行為起了懷疑。

對人們而言，當生存還是一大問題的時候，滿腦子想的可能只有如何活下去。當自己的生命有了基礎，就開始想如何把自己的生命傳衍下去；當自己與下一代都有穩定的生活環境，人們就要開始懷疑：「生命的意義在哪裡？」「人是從哪裡起源的呢？」「這個世界之外是否還有世界呢？」「我出生之前是否存在？」「我死亡之後又會去哪裡？」此時，古老萬物皆神的吠陀思想和簡單的原人歌已無法滿足人們對生命問題的思索，於是開始有人以吠陀為基礎，在宇宙生命的議題上，重新提出更高遠的答案，這便掀起了從西元前九百年到五百年左右的「奧義書思潮」。

《奧義書》的梵語為Upanisad，意思是「近坐」，這是起源於印度早期的修行方式：弟子們親近地坐在師父身旁，由師父直接密傳深奧的教說。這段時期裡，婆羅門各自依照自己的思想延伸解釋吠陀，他們提出的宇宙人生哲理非常豐富龐雜，各家思想相互辯論修正，這些形形色色的內容被收錄在《吠陀經》末尾的《奧義書》典籍中，因此這段思想澎湃的時代又被稱為「奧義書時期」。

洗淨衣服，也洗淨身心。

這個時期開衍的第一個步驟，就是在千千萬萬的神祇當中，請那些已經不受人敬畏的角色下臺，把祂們的力量和光彩集中到少數幾個大神身上，開展所謂的「主神崇拜」。除此之外，大神們所擁有的力量也捨棄具體——不再談健康、長壽或是生兒子等俗世福樂，而是開始抽象化，把福樂的階級提高到心靈層次，轉為求智慧、永恆與解脫。經過不斷的質疑與辯證後，婆羅門教開始出現「梵」（Brahman）的思想！

「自我」的知覺，福樂且純
潔，唯一無有二，恆常已梵
相，獨全大梵顯。

——《自我奧義書》

當時的婆羅門認為，宇宙的最高本體、生命的本源就是「梵」，又由於梵是無量無邊、無染無垢、超越世間的概念，並且還是宇宙創造與維繫的表徵，因此也被稱作是「大我」，而「人」這個有著實際的身體與精神思考的微小生命則是「小我」（Atman）。小我與大梵原是同一不二、無有差別的，其之所以會有大小之分，是因為人受到無知的蒙蔽，以為自我就是生命的本體，而不認識永恆遍滿的梵，因此身陷痛苦的輪迴之中。要從這種輪迴中解脫，主要的方法就是透過婆羅門的宗教思想救贖，得到梵的智慧，回歸梵的本體，達到「梵我一如」的境界，這就是人生的最高目的。

世間的萬事萬物都是梵的化身，然而梵卻是抽象的靈體，不可描述、無法歸納、沒有形體、非此亦非彼！這玄密而難以理解的「梵」的思想，讓婆羅門對於神明、人生與祭祀有了全新的突破解釋。譬如說，人應完全地接受自出生就有貴賤不同的種姓階級，每個人都應該嚴格地履行所規定的種姓義務，如低階者應為高階者服務，這就是邁向解脫的真理智慧。

然而，如果人和梵是同一個東西，為什麼

人會受到蒙蔽而梵不會？又為什麼人會有貴賤之分？而所謂的輪迴又是誰在輪迴呢？為了讓「梵」的思想更周延，婆羅門進一步提出了「靈魂」和「業」的概念。

婆羅門認為人的生命並非以死亡為結束，死亡的只是身體，但是住在身體中的無形靈體卻繼續存在並且不斷地接續下去，這就是輪迴（Samsara）。人在輪迴中會受到業（Karma）的牽引，以決定下一次生命的好壞。

所謂的「業」是一種看不見的力量，它是人在生命中所行所為而產生的結果。簡單地說，就是「善行帶來善果」、「惡行導致惡報」。因此，現世的遭遇不論好壞，皆是源自於過去行為的善惡染淨，而現在的行為好壞則會在未來開花結果。

印度人民全然接受了「業」的說法，相對地也產生了較為宿命的人生觀點，舉列來說，現世如果生在卑微的種姓，受到殘酷的對待，他們會認為那是因為自己過去的業所造成，只能怨自己，怪不得別人。

我虔誠向神禮敬，可是祂只服從可悲的命運，
命運須要尊敬，但它也只不過是業與果報，
既然果報依著業，命運與其他又算得了什麼，
不如頂禮業報吧！連命運也無法將它勝過。

——伐致訶利《世道百詠》

路邊的理髮匠。

其實，這樣的思想原有其積極與良善的內涵——不論是要脫離悲慘的命運、還是想得到更尊貴的未來，都必須在現世努力地「行善法」與「除惡業」來達至。問題是，「履行種姓義務」卻被夾帶在善與惡業之中，只要接受自己的種姓地位就是清淨的行為，反之則是無可挽救的惡行，任何良善的淨行都將因此惡行而被抹滅殆盡。這麼一來，人們對於種姓制度不但不敢反抗，還會唯恐自己實行得不夠徹底！

履行自己的規定職責即使不完美，也勝過圓滿地履行別人的職責，
履行自己的職責即使災禍降臨，也勝過履行他人的職責，
因為走別人的道路非常危險。

——《薄迦梵歌》3章35節

種姓混亂將導致家族毀滅，家人墮落地獄之中，
祖先失去供品食物，也跟著遭殃而墮落。

——《薄迦梵歌》1章41節

至於沒有投生為最高種姓的人們，對於過去已經做下的業，又該如何改善呢？

關於這一點，婆羅門「體貼」地提供了又快又簡便的消除惡業法——「祭祀」！誰來主祭呢？當然是主掌神職的尊貴婆羅門囉！有祭祀，婆羅門的尊貴身分就有了舞臺，人們不論是要消惡業還是要積善業，都得靠他們，這些人就這麼掌握著天堂的鑰匙。為了讓人們在精神生活上再也離不開對他們的依賴，婆羅門創造了愈來愈多的祭祀名義與愈來愈繁複的祭祀儀軌，從受胎、出生、結婚

到葬儀，從新春、插穗、豐收到祈求國家富強的馬祭，人民從出生到死亡、從年初到歲末，就在不斷的祭祀儀式中漫漫地度過。

一切的行為根源於梵，梵生於不滅之中，梵遍及於一切，梵永遠在祭祀之中。

——《薄迦梵歌》3章15節

生命中有這些祭祀可以忙，總也還算是對未來有個希望。可是，從剛剛說到現在的這一切——不論是輪迴還是祭祀，都沒有首陀羅的份，更別說是比首陀羅更低賤、絕對不可碰觸的賤民了！

在婆羅門的宗教世界裡，主要的服務對象只有剎帝利與廣大的吠舍，至於卑賤的人根本沒有靈魂可言，因此也就沒有輪迴和「與梵合一」的資格，死了就死了，什麼也沒了。這也就是說，婆羅門不但踐踏被征服者現世的生命，還要徹底拔除他們對未來翻身的渺小希望。在這場宗教遊戲之中，下等階層只能乾瞪眼……不！或許連看一眼也不行！根據婆羅門的說法，賤民們不得碰觸、注視、甚至是聽聞神聖的吠陀經文，不准進入聖潔的神

「給我一塊錢！」天真的孩子討錢容易，要讓他們去上學，卻是難上加難……

工人們在烈陽下搬運木頭，作為火葬與宗教祭祀之用。大量的砍伐樹木，已經造成印度的森林面積急速萎縮，形成嚴重的環保問題。

廟，當然更別說是請婆羅門舉行祭祀贖罪求福了！他們是污穢的，而且任何東西只要碰到了他們，馬上就變成和他們一樣污穢。這樣的觀念流傳並實行久了之後，終於讓首陀羅與賤民們自己都相信了自己的污穢，並且再也沒有勇氣去質疑。

傳統的婆羅門靠著這些複雜的理論，在為世人解答生命疑惑的同時，也以宗教力量建立了一個更牢固的階級社會。至於那些被征服者，連靈魂都被剝奪了，哪有力量揭竿起義呢？就政治眼光來看，這是多麼了不起的一個架構！

我想，就是神自己來做，也不可能弄得更好了！

3

油燈的微光映照在井上，她靜候片刻，心中自言自語：「全村的人都從這水井中汲水，為什麼只有我們被認為是污穢不吉的人，沒有汲水的權利？」「為什麼他們算貴族而我們是賤民？難道就因為他們佩帶了一條線兒？」

——普列姆昌德《地主之井》

西元一九五〇年一月二十六日，尼赫魯宣佈憲法開始生效，印度正式成為一個共和國。從這一刻起，他們將往民主社會邁進，那麼種姓制度怎麼辦？它是否就此消失了呢？

我想是不太可能！在我們的旅程中看到太多令人難過的事，好比在印度咖啡屋裡，一個又瘦又黑的老先生，全身上下只圍了一條髒污的腰布，抖著細竹似的雙腿走上樓。他打著赤腳，可是手上卻拎著一雙擦得晶亮的皮鞋，一個穿著雪白襯衫和亮黑西裝褲的胖男人滿意地接過鞋子，給了那老人兩個盧比。餐廳裡的人都很自然，沒有人為這種對比感到不安，如果你提出質疑，他們或許還要說這是給那個老頭兒生活的機會。後來我們在許多火車站裡都看到這樣的擦鞋匠，其中還有許多是機靈的小孩兒。有個孩子一面熟練地擦鞋上蠟，一面哼著歌兒，眼睛還不時瞄我們一眼，希望也能從我們這兒賺到兩個盧比。

想到這個小孩可能就這麼擦鞋擦到變成一個老人，我們心頭就難過起來。

又好比火車上那個披頭散髮、全身髒臭的年輕人，抓著一束報紙鑽過我們的腳下，趴在地上掃垃圾，求取人們的一點施捨；

又好比餐館中那個動作太慢的夥計，被錫克教老闆揪住領子，飽以一陣打罵；

又好比老船伕十歲的孫子抓著比自己還高的木槳，七手八腳地載著一個尷尬的西方人；

又好比街頭隨處可見的婦女抱著孩子追著人們乞討；

又好比加爾各答的人力車伕，赤著雙腳奮力拉著西裝革履的大胖子；

又好比毗濕奴賓館的光頭掌櫃阿修尤希（Ashuyosh Gupta）開玩笑地說：「他們全部都是婆羅門，只有我是吠舍，所以我很寂寞哩！」；

又好比……

於是我們又來找桑傑，他既然是個婆羅門，那麼我們應該可以從他那裡知道現代婆羅門的一些想法。

「是的，我們是有這四個階級，」桑傑說：「不過從五十年前開始已經愈來愈鬆了。譬如說踩三輪車的首陀羅如果工作努力，也可以賺很多錢，過舒適的生活。而婆羅門如果不努力，生活也會很辛苦。」

桑傑整理著手上的宣傳單，現在正值印度國會選舉，四處都掛了大同小異的政黨旗幟——由綠白橘三色拼成的旗子，中間各自畫著腳踏車、蓮花、手掌等不同的圖樣，代表著不同的政黨。今晚正好是桑傑支持的政黨候選人前來演講，所以他到現場幫忙。

「以前的婆羅門只侍奉神，可是現在很多婆羅門也會去做別的工作，因此一個公司裡可能會有四個種姓的人做同樣的事。以前的職業是世襲的，但是現在只要有能力，車伕的孩子也可以上大學，做別的事。結婚也一樣，大家當然還是希望可以和同種姓的人通婚，不過

木頭工人的一生都為了別人的後事而辛苦工作，不過他們是否負擔得起自己的火葬費用，可就不得而知了。

奮力拍打衣服的洗衣匠，總是為河階穿上豔麗的彩衣。

如果孩子們堅持要嫁娶其他種姓，只要父母不反對，其實也就無所謂了。」桑傑邊發傳單邊說，這時他的朋友走了過來，接過桑傑手中的傳單，讓他可以專心和我們講話。

「其實四姓制度是很重要的，這個社會是由各行各業互相配合而成，就像一個人是由各種器官各司其職而運作，有四姓才有完整的社會。至於職業的貴賤，那是由神來決定的，就像哥哥分配工作給弟弟一樣，每個人把自己的工作做好，社會就能順利運轉下去。」擴音器中不斷放出激昂的演講，我們在人潮中拉長了耳朵，努力猜著桑傑幾近嘶吼的說話聲。

「所以一個人是什麼階級，並不是由外表決定，而是由『業』來決定。就算是最清淨的婆羅門，如果不禱告、不唸經，喝酒吃肉樣樣都來，那就不算是真正的婆羅門。」

雖然桑傑解釋得臉紅脖子粗，我們卻聽得一個頭兩個大，看到我們一臉茫然，桑傑不禁笑了起來，又去拿了一疊傳單來發。

弄了很久，我們才終於確定一件事——原來

精神上的四姓和實際職業上的種姓是不可以混為一談的。也就是說，婆羅門可以去踩三輪車維生，首陀羅也可以靠做生意發財，只是，一個婆羅門再怎麼落魄潦倒，都還能保有血統上的驕傲，而一個首陀羅再怎麼發達，都還是會有人說：「他也不過就是個下民罷了！」

事實上，根據古籍記載，從很久以前，職業的貴賤和四姓的高低就已經分家了。比如說，佛陀在世時，農夫是屬於較為下等的職業，因為務農時需要大量的體力，而且會傷到土壤中的生物，可是當時卻有一位著名的婆羅門——耕田婆羅豆婆遮，他的職業就是農夫，而且還是一個擁有五百具犁的大農民。此外，身為首陀羅卻成為一國之君的例子也時有所聞。

勿居住在首陀羅為王或是壞人圍繞的城市中，
異教徒與雜種種姓頻繁出入的都市，也不要居住。

——《摩奴法典》4—61

由此可知在西元前六世紀左右，「種姓」與「職業」已是兩種不同的貴賤評定標準，在那農工商急速發展的社會裡，粗略的四個階級已無法涵蓋因分工日益複雜而衍生出的上千種職業類別，這些職業都依著付出勞力的多寡以及是否清淨而自然區分出高下：上有金銀店肆、商賈富人，中有鐵工、木匠、陶師，下有屠夫、漁獵、焚屍者等。

或許是傳承自古老四姓的習慣，或許是工作上必要的相關默契，不知從何時開始，每個職業就

同樣的悠閒，兩樣的世界。

自發性地產生了內部的約束力與共守的職業倫理，譬如船伕的地盤，或互搶生意的處罰等，他們自然地在這大團體中相互通婚，讓下一代承襲同樣的職業，形成一種「對內有深厚凝聚力，對外有強烈排他性」的封閉職業團體，稱為迦提集團（Jati），這種以職業論高低的文化，才是操作「種姓制度」的真正核心。

不同的職業集團，其實就是高低不等的階級，當人們出身在某個職業團體中，就注定必須遵循這個團體的保護、文化教育和種種的限制。若不遵守團體中約定俗成的風俗習慣，例如想變更職業或與不同階級的外人通婚，就會被視為違背社會的法統，受到團體的貶謫，甚至被驅逐出所屬的團體。失去團體保護與歸屬的人要在社會上生存是非常困難的，因此少有人敢輕易以身試法。

這種在生活之中實際運作的迦提文化，和存在於精神心靈深處的婆羅門四姓制度，完美地融合塑造出一個複雜的種姓社會，為自古以來就少有國家觀念的印度，提供了超強的箝制力量與穩固社會的基石。從古到今，敢於挑戰這種思想的人少之又少，雖然到了《奧義書》後期，有一些非婆羅門的宗教領袖，聲稱萬物皆為梵的顯現，因此萬物皆有梵性而平等，可是從來沒有人敢直接把「種姓」和「平等」放在一起。

直到佛陀出現，才發出平地上的第一響春雷，喚醒了蟄伏的人心。

4

如果說佛陀的一生彷若一場心靈改革運動，那麼，提倡種姓平等的思想，可以說是他關切最力的工作之一！

佛陀出生於剎帝利種姓，年少時也學習過吠陀，深知婆羅門自說種姓高貴的背後，所挾帶的愚民思想與龐大利益，因此，雖然婆羅門千百年來所灌輸的宗教魔咒，已深深地箝制住人們的心靈而不易動搖，佛陀仍勇敢地挺身而出，為真理與人的價值而努力。

在《長阿含經》中，記載著這個真實的故事：

一次，佛陀在經行中遇見兩位屬於婆羅門種姓的比丘，便親切的詢問他們，有沒有因為信受佛法而受到其他婆羅門的譏嫌苛責？

兩位比丘回答道，自他們出家之後，的確經常被其他婆羅門所嫌責。那些婆羅門總是說，種姓之中，出於梵天口的婆羅門身分最高且清淨無染，其餘種姓則是低等劣下而多所穢垢，因此責罵他們何以捨清淨種姓而入比丘僧團。

佛陀於是告訴他們：「虛假自稱種姓最高、比他人清淨者，與愚冥無知的禽獸無有不同，在真理與聖道之中，不需要種姓，也毋須憑恃驕慢之心，若有人能捨離此二心，則在我法中才堪受正法而將得成聖道！」

佛陀又說：「一切善惡的行為後果皆不因種姓差異而有不同，因此沒有人可以說自己最清淨而別人污穢。」

「若有人於佛法中出家，皆應自稱為沙門釋種子而沒有世俗的種姓分別。」

此外，在律典中也曾記載有頑劣的六群比丘，故意詢問新進出家的比丘說：「你的家姓為何？種姓為何？本作職業為何？」純真的年少比丘便老實地告訴了他們，沒想到六群惡比丘竟開始辱罵他，說他是下賤的種姓、卑劣的職業等。

這些惡毒的言語傳到佛陀耳中之後，佛陀相當震怒。他說：「畜生尚惡毀呰，況復人乎？」於是，世尊便定下了這條聖戒：「不得以種姓、職業、相貌等使人慚愧、令人羞辱，做者犯戒，當受嚴懲！」

佛陀從不認為出身血統可以決定人的高低貴賤，因此他經常善巧地以婆羅門的業報思想來反駁種姓的錯謬。譬如說：

「如果每個人都會有殺生、盜竊、貪婪、忌妒等惡行，那麼，婆羅門憑什麼說自己比別人清淨？」佛陀並且比喻道：「如果河水能毫無差別地洗淨婆羅門和賤民身上的污垢，那麼誰能說自己比別人乾淨？」

世尊一針見血的簡單言詞，經常讓執持偏見的人啞口無言。

佛陀也曾經因為宣說種姓平等而被婆羅門指著鼻子罵「無種姓的人」，這是印度人對賤民的稱呼。當時的首陀羅都還有種姓的保護與歸屬，而賤民「旃陀羅」則是被踢出種姓之外、人人避之唯恐不及的下下階層。婆羅門認為，和這些人有關的任何事物——他們用過的水井、碰過的東西、甚至是走過的路——都是污穢的。有些賤民甚至被限制只能在一般人不出門的時間才可以外出，以免玷污了那些高貴人們的眼睛，因此一般的印度人們稱之為「不可接觸者」。

佛陀被辱罵之後，仍心平氣和地告訴這位婆羅門，不淨的行為與惡業才會讓人成為真正的賤民，佛陀並且舉例道：「當時有個名人叫作摩登格，他以賤民之子的身分獲得了無上的榮譽，許多剎帝利與婆羅門都以侍奉他為榮。賤民的出身並不會阻礙他進入聖潔的大道，反而有些人生為婆羅門，卻為非作惡被人譏嫌，即使婆羅門的出身也不會保護他不受人鄙視。」

全體集合準備迎接瓦拉那西大公的女學生們。

種姓不是婆羅門，種姓不是旃陀羅，
淨業得作婆羅門，惡行得為旃陀羅。

——《大正藏．別譯雜阿含經》268經

一個人是高貴還是卑賤，是清淨或者污染，評斷的標準並不是出身的高低，而是行為的善惡，這是佛陀駁斥種姓觀念的如實觀點。

佛陀不僅宣說平等的生命觀，還以實際行動在生活中徹底實踐了一個平等的團體。在佛教的比丘僧團中，不但貴賤種姓皆有，而且一律平等。最有名的故事就是佛陀接受卑微理髮匠出身的優波離出家，並且要求在他之後出家的釋迦貴族應依照規矩向他頂禮。後來優波離尊者證得聖道，持律精嚴，成為佛教第一次結集中負責誦出《律藏》的大長老。

此外，當時的修行人並不接受下等種姓的供養，因為那會使自己也受到染污，而遭到嚴厲的責難與鄙視。這當然是婆羅門的官方說法，目地是斷絕下等階層接觸知識的機會，以免他們的智慧開竅，攪亂了這場宗教政治的佈局。

但是佛陀從來不避諱接受女伎、鐵匠、貧農、漁伕等底層人民的供養，反而經常對他們說法化解身心的惑苦，為他們打開被婆羅門壟斷的知識封鎖，讓不識吠陀、咒語、文字的鄉野村民，也可以親易地接觸到澄澈的心靈思想。佛陀對他們所說的法，就和對頻婆娑羅王、優填王以及諸外道領袖所說的一模一樣，無任何的差異與歧視。佛陀甚至還首開先例讓女性出家修行，這個決定在當時必定是震倒了一缸子婆羅門，因為直到二十一世紀的今天，印度各大宗教中依然充斥著男權至上的觀念，女性要成為修行者的機會少之又少，佛陀這種劃時代的先進民主思想與改革社會的魄力，至今無人能及。

雖然雙肩承擔了當時傳統既得利益者施加的龐大壓力，但佛陀從不放棄正道，他始終堅持「猶如五大河盡歸於海，於我法中四大種姓剎帝利、婆羅門、吠舍、首陀羅，崇信聖法捨家學道，滅其本名皆稱為釋子沙門。」

在二千五百多年前，佛陀的確是做到了！佛陀畢生致力宣導的平等思想，壓制了當時的種姓觀念，讓被欺壓在社會底層的印度人民能稍有喘息的空間，佛教也因此在平民百姓與中產階級的支持下，一躍成為當時婆羅門教之外最興盛的宗教。

當佛教在歷史舞臺上成為主角的那段時期，婆羅門便沉潛在民間鄉野裡，將他們的思想隱藏在精采豐富的神話戲劇與傳說故事中，讓人們樂於聽聞並且不斷傳誦。千百年來，這些詩歌中所傳遞的觀念——人因出身而有純淨與垢染的不同、服從種姓職責是應盡的義務、禁止族外通婚、不可擅自違逆傳統的價值等，就逐漸深入人心的深層意識，成為無法打破的絕對真理——「法」（Dharma）！待佛教漸漸衰微時，它們便一下子破繭而出，以印度教的全新面貌，再次奪回宗教世界的霸主地位。

收錄於西元十二世紀《塞犍陀往世書》（Skanda Purana）中的〈迦尸篇〉（Kashi Khanda），就講述著這麼一個故事：

濕婆與妻子帕瓦蒂結婚之後，選定迦尸（也就是現在的瓦拉那西）作為新居，然而當時的迦尸是由一位不崇信神明的國王提婆達沙（Divodasa）所統治（有學者猜測這可能是一位支持佛教的國王）。這位國王以無上的德政建立了一個完美無缺的「法」的社會，如果要讓他離開迦尸，必須先破壞他所建立的法統，於是濕婆派出手下潛入城中，企圖引誘國王犯罪——所謂的「罪」，就是「不遵守種姓義務」、「在祭祀中出現瑕疵」等，可是所有的特使都失敗了。

最後由毗濕奴出馬，化身成一個「佛教比丘」，他的妻子拉克修美化身為比丘尼，而他的座騎金翅鳥迦樓羅則變成一個沙彌弟子，他們三人來到迦尸四處傳道，向城民宣說佛教的思想：「種姓平等、禁用動物獻祭、世間並非由某個不可知的力量在掌控，萬物是因緣生滅法……」人民聽了佛法以後，便不再遵循種姓規範與祭祀儀軌，社會因此大亂。國王萬念俱灰，在毗濕奴的安排下，回到天堂過清靜日子，從此以後，迦尸的統治權就落到了濕婆手中，成為眾神的城市。

從這個故事可以看出，婆羅門教和佛教在迦尸必定曾經有過一段相當激烈的競爭，因而讓婆羅門認為佛法是他們最大且唯一的勁敵，足以摧毀他們辛苦建立起來的宗教世界，因此極力主張如果種姓階級瓦解，社會秩序就會崩壞，世界就會大亂，使人們不敢輕舉妄動。然而，佛法這麼強大的影響力也讓婆羅門在恐懼

若恒河是聖潔之水，那麼挖掘河土的工人應該就是聖潔的人吧！

栅欄後的印度子民！

之餘垂涎不已，於是七纏八弄，硬是把佛陀拗成是毗濕奴的化身，讓原本已經接受佛教的村野平民在繞了一大圈之後，又重新回到毗濕奴的懷抱。

就這樣，在佛陀入滅後一千七百年左右，佛教便消失在印度大陸。然而，佛陀平等智慧的教法能在婆羅門一手編織的種姓社會中震撼印度達千年之久，早已證明了佛法與人心無有隔閡，且與生命密切相關。而佛陀為人們所開啟的種姓平等大門，在二千五百年後，依然不乏追隨者。

「如果有需要，我將不惜生命為解放賤民而死！」

一九三四年，印度聖雄甘地在《神之子民》周刊中，發表了他為解放悲慘賤民所下的決心。甘地尊稱的「神之子民」，就是印度人口中的「賤民」。

那年，甘地長途跋涉一萬二千五百英哩，進行解放賤民的宣傳運動。他的行動引起了印度教基本教義派的仇視，使自己陷入了隨時會被刺殺的危險中。然而，他在面對暴力威脅時，仍然無畏的說：「即使所有的印度教徒都反對我，他們都說我們所熟悉的賤民制度是來自於印度教聖典的傳承與啟示，但是我還是要說這些所謂的聖典和啟示，都是來自於偽經！」甘地誓死反對賤民制度的理念與言論，毫無疑問地傳承自佛陀眾生平等的思想，而且，他也和西元前六世紀的佛陀一樣，以聖潔睿智的勇氣，堅定地面對社會上的不公義，令人生起無限的崇仰與無盡的感動。

雖然，自尼赫魯以後的印度領袖，大都認知到唯有消弭種姓制度，印度才有可能擺脫貧苦邁向富強，只是種姓制度植入人心畢竟太深太遠，現代的印度社會中，依然四處可見階級的展現，好比說只有婆羅門種姓才能主持祭典儀式；好比低階種姓面對較高種姓的時候，潛意識的自我矮化與自覺卑微的眼神；好比依然有極度保守的婆羅門，堅稱瓦拉那西的黃金神廟已因賤民的進入而受到了玷污，因而在河邊重新蓋了一座新廟；好比……

婆羅門一手創造的種姓制度雖然在實際的職業分工上早已瓦解，但是對人們心靈上的影響，卻是多麼無遠弗屆啊！

那麼，佛陀與甘地失敗了嗎？

我想，為「對的事」盡力的人，永遠沒有失敗，他們永遠活在無愧的生命之中。真正失敗的，是迷惑的人心吧！當剛剛才被警察甩耳光的三輪車伕轉眼又對著乞者怒罵；當乞丐寧可讓孩子上街乞討也不願送他們上學；當人們還迫切的需要婆羅門為他們消災祈福的時候，又如何能期待平等的出現？

反過來說，當生活在所謂已開發國家的我們，一邊告訴自己的孩子「職業無貴賤」，一邊卻又告誡他們「好好唸書免得以後只能去做苦工」時，我想，或許在我們的潛意識裡，也藏著自己看不到的「種姓思想」吧！

失敗的，永遠只有迷惑的人心——不論在哪個地方！

Chapter 6
神廟叢林

我是儀禮、我是祭祀、我是祭供、我是藥草，
我是讚歌、我是酥油、我是祭火、我是祭品。

——《薄迦梵歌》9章16節

瓦拉那西的靈迦多得數不清，它是濕婆的化身，也是性力的表徵。

婦女總是最虔誠的信眾。

1

時間是上午的十一點鐘，日正當中，達沙蘇瓦美的路上，一片囂鬧擁擠……

車伕叮噹著車鈴拉客，小販推著攤車，吆喝著兜售色彩明豔的蔬果和停滿蒼蠅的花生糖，大黃牛和小黑羊在路中央吃著菜葉，有人要往河邊沐浴，有人洗好了正從河邊回來。一個穿著筆挺制服的警察騎在高大駿馬上，雄糾糾地來回巡邏，幾個幾近全裸的塗灰行者舉著火把走過，大聲呼喊著神的名字。商家站在椅子上叫賣，貨品大多是一些梳子、髮飾、手環以及大減價的沙麗，色彩豔麗得讓人眼花撩亂，數不清的婦女圍住叫賣小販大聲討價還價……我們夾在人群中，想要找個地方填飽肚皮。

這條通往達沙蘇瓦美河階的大路，以及從這兒分岔出去通往毗濕奴賓館的小徑，是旅行者聚集的主要區域。來自各國的各色人種穿梭

在巷弄中，有的背著大背包，戰戰兢兢地四下張望，有的則早已換上了沙麗拖鞋，優游自得地和當地人同桌閒聊。

這裡充滿了專為旅行者開設的店鋪，不過賣的並非我們所想像的觀光特產或紀念品，而是一些生活必需品，如礦泉水、香皂、洗衣粉、乾糧、電池及衛生紙等，由此可看出這個城市對自己的魅力信心十足：人們一旦來到這裡，絕對不會只買個紀念特產就離開，他們非得延長自己的行程，住到不走不行的時候才會滿意。關於這點，我們有切身的體驗：之前來訪時，認識了一個日本人，他問我們在這兒待了多久，我們語帶抱怨地說本來只想住三天，但不知不覺就過了一個禮拜，後面的行程全都得改了。沒想到他哈哈大笑：「你們這算什麼？我本來只想待一個禮拜，現在已經住一個月了，還不想走哩！」可以想見，這些雜貨店對我們這種臨時延長行程的人真的重要！

不過現在還是先回來談談填飽肚子的事。這個地區為了滿足那麼多的旅人，開了一家又一家的平價旅社與餐館，每一家的菜單都是厚厚一本，裡頭細細地分了類別：歐陸菜、日本料理、義大利菜、中國菜、印度風味餐等，可說應有盡有。初來乍到時，人生地不熟，找餐館時總要看到有外國人聚集的店才敢進入，彷彿在一群飄泊者之間可以找到「家」的安全感似的。可是幾天後就不一樣了！我們慢慢發現當地人的餐館並沒有那麼可怕，不僅口味道地，價格便宜，而且還可以和一群印度人擠在一起用餐，看他們用手抓飯的靈活技巧。此外，當地人們都很好客，如果你對他們點的食物表現好奇，他們就會分你一些嚐嚐，並且介紹它的名稱，作為你下次點菜時的參考。這種熱鬧融洽的氣氛，比起煙霧繚繞、壁壘分明的旅人餐館要有趣得多了！

在達沙蘇瓦美路上就有這麼一間印度小館，裡頭總是擠滿了客人，食物的味道不壞，而且很便宜——我們在這裡吃一頓飯還加拉席的價錢，在專賣旅人的館子中只能叫一道菜。餐館入口左邊有一隻大炸鍋，一個夥計不停地炸著沙摩沙（Samosa，粽子形的咖哩角）和布里（Puri，麵餅炸成的大泡芙），右邊的櫃檯上則放著一盤一盤的各式甜點，架子十足的老闆就高高地坐在櫃檯後方。我們在那兒享用了豐盛的素食套餐（Thalis）和馬沙拉竇沙（Masala Dosa，包著綜合香料咖哩的可麗餅），祭了五臟廟後，便鑽進一旁的小巷中。

今天的工作是尋訪著名的廟宇，而首要的目標就是位在觀光區中心的黃金神廟。

黃金神廟（Golden Temple）的全名是毗希瓦那塔（Vishvanatha），意思是「萬物之主」。這座神廟代代相傳至少有一千五百年之久。它在回教徒入侵後曾受到破壞，直到一七七六年才又重建了現在這座廟宇。由於廟頂尖塔上鍍了八百公斤的黃金，因此得到「黃金神廟」的美名。我們走進彎彎曲曲的小巷，兩旁盡是一些賣銅壺、法器、油燈或鮮花的店舖，牆上不時會出現一些民俗畫師彩繪的神像，有的很粗糙，有的卻很細緻。只要看到橫掛在小巷上方的「不准攝影」標牌，就知道這座瓦拉那西最著名的神廟到了。

神廟的入口很小，擠滿了人，大家都趁笛瓦利節來這裡朝拜，他們帶來一罐又一罐的恆河水澆灌這裡的靈迦，把入口通道變成了一條混濁的小河。神廟中包含了許多小聖殿，供奉甘尼夏、毗濕奴和一些次要的靈迦，人們會先繞行這些小聖殿，禮拜奉獻過後，再到主殿來。

主聖殿裡供奉的是全印度最重要的靈迦之一，人們相信這座光溜平滑的黑岩石柱，是在世界

人們大聲搖鈴，告知神明「我來了！」並專注凝視神像，深信這樣就能讓神明知道自己的虔敬，因而得到賜福 上。

達沙蘇瓦美路上的印度小館 右下。

笛瓦利節的達沙蘇瓦美路，如同火焰般多彩而熱鬧 左下。

創始之初自己從地底衝出來的，是濕婆偉大神力的顯靈。在一些讚歌中宣稱，只要看過這座靈迦的人，就等於進行了所有的朝聖之旅。為了向這偉大的力量表示臣服，人們擠在小小的空間裡，虔敬地合十，口中喃喃唸著：「Om！Namah Shivaya！（唵！讚美濕婆！）」然後把恆河水、鮮花和畢爾瓦樹葉一股腦兒地堆在那石柱上，再彎下身子，用額頭去碰觸它以示禮敬。

出了神廟，順著小徑繼續往下走，繞到神廟的另一邊，就會看到智慧之井（Jnana Vapi）。傳說在宇宙創始之初，那座偉大的靈迦自己冒出來的時候，原是一根滾燙的火柱，為了讓它冷卻下來，濕婆便用祂的三叉戟掘出了這口井，用井水澆熄了靈迦的高溫，因此，這是世間第一縷純淨的水。從它的神話背景，就可以知道它在迦尸是多麼地受到崇敬。

每一個迦尸朝聖者在進行城內城外的朝聖時，都要先到這裡來啜飲一口它的聖水，等到朝聖結束後，再回到這裡啜飲一次，一方面解渴，一方面也讓聖井為他們的朝聖做個見證。現在的水井位在一座亭子裡，井口封了鐵欄杆，這是因為從前老是有一些追求解脫的狂熱者會滿心歡喜地跳入井中，認為這樣即可生天，使管理聖井的婆羅門煩惱不已，因此才有這個措施。

看著人們畢恭畢敬地啜飲井水，不禁羨慕起印度人的天真與單純。他們一心一意地相信那些讚歌傳說，卻從來不問：「怎麼證明真假？」

一個人如果能這樣完完全全地相信一件事，還真的是一種幸福呢！對膜拜的人們而言，真相如何並不重要，重要的是，他們相信自己所信仰的就是真理！有神為伴的感受，畢竟能讓艱辛的人生少些孤寂，只要他們一輩子都不懷疑，就可以永遠安住於自己心中的真理世界。

究竟哪一條路比較好呢？是勇於提出疑問，還是全心接受眼前的現況？

看著那些在困苦中生活的人們，臉上透露著認命的安然，我想，人們終究會找到屬於自己的答案吧！

小巷裡看管羅摩神殿的小女孩，神壇上站著羅摩、悉多、哈努曼，以及羅摩的三兄弟。

2

回到達沙蘇瓦美路上，我們找到了失蹤兩天的毗諾。

自從認識毗諾以後，我們終於擺脫了三輪車伕拉客的夢魘。以往每次走在這條路上，總有數不清的車伕跟著我們，一個接著一個，不停地慫恿我們坐車，並且開出各種不可思議的價碼。雖然達士先生在火車上教了我們一些簡單的印度語，讓我們還有些三腳貓的把式可以拿出來耍弄一番，唬住那些傢伙，可是每天這樣應付，實在令人厭煩。在認識毗諾以後，他便成了我們的專屬車伕，只要他在，所有的人就會識趣地安靜下來，因為大家都知道我們只坐他的車。

可是從兩天前起，毗諾就沒有再出現在他原本駐錫的地方，我們一開始以為他是載別的客人去了，但後來好幾次經過那兒，都沒有見到他的身影，問其他的車伕，也都說沒見到他，於是我們不免擔心起來，猜不透他究竟發生了什麼事。

因此，當我們從通往黃金神廟的小巷中鑽出來，遠遠望見他就坐在那熟悉的老地方時，心中的大石頭總算是放下了。毗諾看到我們，臉上也露出了歡喜的微笑，我們拉著他到旁邊的小茶店中喝奶茶，並且問他到底怎麼了。

「我生病了，發燒、頭痛，我想起床，可是全身沒有力氣，只能躺在床上，整整睡了兩天。」毗諾虛弱地說。難怪他看來明顯消瘦憔悴許多，我們問他有沒有看醫生吃點藥，他搖搖手說：「不用啦！休息個兩天就可以了。」問他現在好些了嗎？他拍拍胸膛，做出不妨事的樣子，「好了，好了，沒問題了！」可是，我們看得出來他的體力並未完全恢復，便勸他應該多休息幾天，他露出了苦笑道：「不用了！我不能再躺了，否則這個月的房租會有問題。」

聽到他這麼說，我們的心一陣不忍，想要請他載我們到南方的一些神廟去，又怕他太累；不坐他的車嘛，對他也沒有好處，我們還在為難，毗諾卻已有了積極的決定。「你們要去哪兒都可以，我沒問題的！」他說著把奶茶一飲而盡，打起了精神準備出發。

我們終於還是坐上了毗諾的車，他把那對耳機從口袋中掏出來戴上，高高興興地踩著踏板往杜爾迦女神廟（Durga Temple）駛去。

杜爾迦神廟、羅摩神廟和哈努曼神廟都位在瓦拉那西南部，這個地區發展得相當晚，在西元一九二〇年的地圖中，杜爾迦女神廟和旁邊的杜爾迦聖水池都還包圍在一片樹林中。杜爾迦這個名

杜爾迦神廟中等著接受婆羅門祝福的人們。

杜爾迦神廟內的獻祭處。

虔敬沐浴的人們。

字的思是「不敗」，是印度教中相當重要的一個女神。她擁有許多手臂，每隻手都握著不同的武器，包括毗濕奴的圓盤和濕婆的三叉戟，顯示她不但融合了許多古老母神的特性，同時還吸收了許多男性大神的威力。

她最著名的事蹟就是打敗惡魔杜爾迦，這個惡魔化身為大象和公牛來跟她對陣，最後還是落敗了，從此女神就從他身上搶下了「杜爾迦」這個稱號，同時也造就了她最著名的形象：騎在獅子上以一把長槍刺入惡魔的胸膛。在瓦拉那西還有一個有趣的傳說，據說女神打敗惡魔後，非常疲累，就靠在水池邊睡著了，一個不小心，她手中的劍滑落下來，砸到地上，把大地劈了一條裂縫，這便形成了今天瓦拉那西南界的阿西河（Asi意思就是「劍」）。

她的神廟是紅色的建築，我們脫了鞋，穿過庭院，入境隨俗地把門廊下的銅鐘搖得噹噹響，表示告訴神明：「我要進來了！」然後才走進天井。天井的中央有一座聖殿，供奉著女神像，聖殿門口有一條短短的柱廊，一群信眾擠在柱廊下專注地看著神像，進行個人的「觀視」儀式。

「觀視」（Dashana）意為「注視」、「洞觀」或「照見」，總而言之，就是「看」。印度教徒認為神靈就住在神像之中，因此專一地注視神像能洞察到神的本質而得到智慧，進而達到解脫。聖殿門外坐著一位婆羅門，做完觀視的人就到他身前去，讓他在額頭上抹個紅點以示祝福。

走出天井，右手邊有一座以鐵柵門鎖住的小聖殿，透過柵欄，可以看到高高的神壇上面站著一男一女兩位神祇，女神的造型普通，男神卻有著藍色的皮膚，橫舉著一支笛子在嘴邊，這便使我們認出了祂們的身分了——牧牛神黑天和祂最喜愛的牧牛姑娘羅妲（Radha）。

在民間傳說之中，黑天雖然是大神毗濕奴的第八個化身，卻是一位非常人性化的神明。據說他出生前，曾經有仙人預言秣菟羅國王會被妹妹的兒子殺死，因此國王將妹妹所生的兒子都殺掉。待黑天出生時，母親為了救他，就將他放在竹籃中順著河水飄走，這竹籃後來被一戶牧牛人家撿到，因此黑天就在牧牛人家中長大。如果你有機會到現代的秣菟羅及其附近的文達溫一遊，就會在許多的廟中看到牧牛夫妻頭頂竹籃的雕像或是繪畫，講的就是這段出生往事。黑天的大能很早就顯現出來了！據說他還是嬰兒時，就可以在彈指間消滅惡魔；童年時期非常頑皮，最喜歡和哥哥一起摸進廚房偷奶油吃，弄得到處亂七八糟；長大後的他是個翩翩美少年，常常在林中和美麗的牧牛姑娘吹笛跳舞，每個姑娘都想和他共舞，於是他便化出好幾個分身，讓大家都不吃虧，而他的本尊當然是和羅妲在一起的。由於他對姑娘們很有辦法，因此又被視為「愛神」。有關他的風流韻事多得說不完，可是這些都是在後期陸續添加上去的，事實上，他最重要的角色，是大史詩《摩訶婆羅多》中的黑天。

《摩訶婆羅多》意為「偉大的婆羅多家族史」，據說是仙人廣博口述、象頭神甘尼夏記錄下來的人類祖先故事。它的背景介紹複雜得像天上的繁星，而主線則敘述著兩個堂兄弟家族——潘達閥和庫拉閥的王位爭奪戰。

潘達閥是五兄弟，庫拉閥則有一百人，由於潘達閥的父親早逝，因此五兄弟就在叔叔的宮中和庫拉閥一起長大，受同樣的親族寵愛，和同一個老師學藝。

可是兩家兄弟從小就不對盤，常常要吵架，長大分家後，庫拉閥利用一場作弊的骰子賭局，讓賭輸的潘達閥被迫到森林中放逐十三年，在第十三年中必須隱姓埋名，不得讓人認出身分。如果成功回來，就可以分得一半的國土，否則就得再流放十三年。潘達閥依約做到後，庫拉閥卻不認帳，於是兩個家族便展開了一場大戰，戰爭進行了十八天，庫拉閥全軍覆沒，但潘達閥也只剩下五兄弟和妻子以及黑天。

在這部史詩之中，黑天扮演著毗濕奴的化身，他的角色介於人和神之間，既是潘達閥的盟友，又是一個超乎凡間的神性展現。

在戰爭中，他既是五兄弟的軍師，又為最善戰的三子有修（Arjuna）駕御戰車。在大戰開始之前，有修因為看到對方陣營中的師長和親人們，不禁對這場同族相殘的戰爭起了生命良知的矛盾掙扎，因而喪失鬥志無法戰鬥。

他對黑天說：「看到自己的人聚集在這裡準備戰鬥，我四肢無力、口乾舌燥、渾身發抖、寒毛直立。黑天啊！我不明白殺死自己人究竟會有什麼好處？正是為了他們，我們才追求國家的強盛與幸福，然而如今我們卻拋棄了財富，奮不顧身地投入血腥的戰鬥！」

河階上的泥巨人是潘達閥兄弟的老二怖軍（Bhima），他為了守每月一次的齋戒日，餓得躺在河邊，伴著沐浴的人們。

BHISMPITAMAH
RAMGHAT
रामघाट

為了讓有修面對這場「必須」的殺戮，黑天對他開導了所謂的宇宙真理和人生最高目的，這一篇充滿哲理的演說就是著名的《薄迦梵歌》（Bhagavad-gita）。

《薄迦梵歌》又譯為《主之歌》，簡稱《聖歌》，這篇精奧的哲詩透過黑天之口，揭示了印度教的宇宙觀、人生觀和解脫觀。黑天告訴陷入生命矛盾的戰將有修，何為真理、生命？何為種姓的責任、義務？人應盡自己的種姓義務，並且應該尋求神的護祐與梵結合，遵守神所喜悅的「法」以免遭受毀滅。

至於什麼是神所喜悅的「法」呢？其實就是修正過的傳統婆羅門思想，只是以往在《吠陀》與《奧義書》等經典中艱澀難懂的理論，如今藉著黑天和有修的戲劇對話，淺顯易懂地傳播給廣大的百姓知曉。

這場合「法」的戰鬥，倘若你不投身其中，
拋棄了宗教職責與名譽，
你將因失職而犯下罪過！

——《薄迦梵歌》2章33節

你必須履行應盡的天職，永遠不必考慮最後的結果，
別以為結果是你造成的，也永遠要堅持履行你的天職

——《薄迦梵歌》2章47節

這只要依照種姓職責行事、不必過問結果的印度教思想，不但將不平等的社會現實合理化，並

且撲滅了人性中微微綻亮的良知。詩中還強調：「完全的崇拜」、「無餘的奉獻」、「隨時唱誦聖名」等觀念，為虔誠的虔信運動（Bhakti，愛慕之意）打下了基礎，它因此成為印度教最重要的聖典，深深影響著每一個印度人。

黑天在印度教殿堂中占著這麼一個重要的地位，可是百姓們似乎並不在意，他們還是比較喜歡和牧牛姑娘談戀愛的黑天，因此幾乎所有的黑天神廟都以牧牛神的形象來供奉祂，和祂有關的祭典也總是離不開牛、田園與祂少年時期的除魔事蹟。至於藉祂的口說出的《薄迦梵歌》，雖然很少被平民百姓提起，卻已融入了人們的潛意識中，日日奉行。

你要思念我、崇拜我、祭拜我、向我禮敬；
如此你將會來到我這裡，因為我特別喜歡你。

——《薄迦梵歌》18章65節

鄙棄一切的宗教，以我為唯一的庇祐；
別害怕，我將讓你擺脫一切的惡報。

——《薄迦梵歌》18章66節

黑天神殿的對面，是一間卡利女神殿（Kali Mother）。「女神」（Godess）是從古老部落信仰中的天女（Devi）演化而來，在密教怛特羅派（Tantra）興起時大放異采，而卡利女神就是其中的代表人物！

她是一個恐怖的戰鬥女神，有著十分鮮明的破壞形象：皮膚黝黑（「卡利」二字就是「黑色」

這是破壞女神卡利。怛特羅教派認為，濕婆躺在卡利腳下，是為了吸收她的女性性力。

的意思），吐出血紅的舌頭，戴著人頭骨串成的項鍊，耳環是兩具屍體，手掌上塗滿了鮮血，通常還要踩在濕婆的身上跳著舞。

在神話裡頭，她原是濕婆美麗溫柔的妻子帕瓦蒂，有一次，世間出現了一個惡魔，這個惡魔的血只要一滴到地上，就會再生出一千個和他一樣厲害的傢伙，因此沒有人能夠征服他。於是帕瓦蒂化身為破壞之神卡利，揪住這個惡魔，刺穿他的身體，並且在血滴下來之前將之吸乾，就這麼消滅了他。從此，卡利的祭典和「血」就有了不可分割的關連。卡利殺了惡魔之後，因為太過氣憤而無法平息怒火，弄得大地震動不已，於是濕婆讓她踩在自己身上，使她消了氣。桑傑曾說過，在印度人們的心中，卡利母神的威力是最強的，而我們在印度各處所看到的、人們對她的普遍奉祭，則可以證實這一點。

神殿外的庭院裡有一個奇怪的東西吸引了我們的注意：鋪了石板的庭院中央留有一塊約一平方公尺的黃土地，邊上豎著一支大約一公尺高的鐵條，頂上分了叉，成Y字型，一旁又有一根方型石柱，頂端有著圓型的凹槽。我們圍著它看來看去，旁邊的人就圍著我們看來看去，最後終於有人忍不住了，告訴我們它的用途。「那是用來殺羊獻祭的。你看，就這樣把羊兒的脖子架在這個分叉的地方，用刀割開牠的頸子，讓血流出來，然後再把羊頭砍下，放在這根石柱的凹槽裡，向卡利女神獻祭。每天早上都有好幾十頭羊在這裡獻給女神哩！」

他的解說非常生動，讓人十分容易就明白，可是最後一句就不免使人大大的懷疑起來。據我所知，連自己都難以餵飽的印度平民，不太可能每天都有幾十頭羊可以殺來獻祭，事實上，要湊一隻都很有困難，而且在英國殖民時期，已經將這種活體獻祭的風氣改變了許多，因此除非是特別的節日，女神通常只能收到一只椰子，就算是盡到意思了。

這種血肉活祭的習俗來自於久遠以前的土著信仰，稱為「Bali」。在亞利安人入侵以前，印度的土著們認為萬物都有精靈，必須小心奉祀，使祂們愉悅而賜福，否則祂們就會降禍，其中，就有一些精靈被設定為必須以血肉獻祭來取悅。

隨著時光的變遷，血祭已慢慢消失，取而代之的是以紅色油彩塗抹神像作為血的象徵，路邊經常可以看到被塗上紅漆的各種神像，就是這種血祭的遺蹟。

當我們要離開的時候，才發現有一隻小羊兒被綁在神廟的角落裡，安靜而木然地站著，偶爾才抖一抖耳朵。我突然想到，現在正是笛瓦利節，這可憐的小東西會不會是準備獻給女神的呢？人們為了害怕自己的生命受到傷害而發展出信仰，卻又為了這些信仰而去傷害另一個生命，如果真有一個不可知的力量創造掌控一切，祂又為什麼要犧牲小羊而護祐人類呢？人們依著自己的渴求創造了神，再用神的名義滿足自己的渴求、穩固自己的生命，這或許是只有高等動物才想得出來的聰明辦法吧？

對旅行記錄者而言，如果能看到血淋淋的土著祭典，那當然是驚心動魄的，不過，看著那隻沉默的小羊，我想還是看人們為神像抹抹紅彩就夠了！

3

毗諾一面哼哼唱唱，一面把我們放在托西摩那神廟（Tulsi Manas Temple）前。為了讓我們這些外國鄉巴佬能把這許多神廟搞得清楚，當地人又給它起了另一個簡單明白的名字：羅摩神廟（Rama Temple）。

這座神廟建於二十世紀中葉，通體均是潔白的大理石，非常雄偉壯觀，是瓦拉那西城區最大的一座神廟，其中供奉著大神羅摩。和更南方供奉猴神哈努曼的哈努曼神廟一樣，它們都起源於英雄冒險史詩——《羅摩衍那》。

《羅摩衍那》的意思就是「羅摩的遊行」或「羅摩的生平」，羅摩便是那位冒險英雄。他原本是住在天界的毗濕奴大神，為了消滅人間的惡魔，便下凡投生為阿踰陀國（Ayodhya）文德武功兼備的太子。羅摩少年時就跟著老師四處除魔，並且在旅途中娶得美麗溫婉的妻子悉多（Sita）。就在他將要繼承王位前，他的父王卻受到一位嫉妒妃子的脅迫，不得不把羅摩放逐到森林裡去漫遊十四年。他的妻子悉多和弟弟羅什曼那（Lakshmana）不願和他分離，便自動加入了流放的行列。在林棲生活中，悉多不幸被邪惡的羅剎王羅婆那劫到了外海的楞伽島上，為了救出妻子，羅摩和弟弟踏上征途，路上和猴王結成了盟友，在猴國勇士哈努曼的協助下，最後終於殺死了十頭的羅剎王羅婆那，將悉多平安救回。

不過，羅摩神廟的重點並不在羅摩，而在紀念一位十六世紀的宗教詩人——托西．達士（Tulsi Das），他是第一位將梵文版《羅摩衍那》改寫為民間日常用語印度文的文學家。托西．達士出生於一五三二年，據說因為生辰不吉利而遭棄養，由一位雲遊四方的修行者扶養長大，成為虔誠的毗濕奴派奉獻信徒。他從四十三歲開始撰寫印度語的《羅摩衍那》，最後在瓦拉那西完成此書。他所改編的《羅摩衍那》辭藻華麗、生動優雅，並且將原版中羅摩所有的人性弱點全部刪除，成為無上完美的毗濕奴化身，書中並鼓勵人們應以無限的崇拜對羅摩虔敬奉獻，以敬奉羅摩為人生唯一的解脫道路。

藉由平易的文字魅力，托西．達士的作品超越了一般文學經典的藩籬，同時，由於他並未建立教派，因此所有宗派都願意接受他的作品並大力推廣，於是《羅摩衍那》的神話故事迅速在民間散播開來，人們對羅摩和哈努曼的神性崇拜也因此達到了顛峰。現今每年九月底在瓦拉那西城外舉行的羅摩戲劇節（Ramnagar Ram Lila），以及印度大小村鎮中搬演的《羅摩衍那》，就是以此為劇本，五百年來，不知讓多少人為之崇拜痴狂，陷入熱切的宗教情感中。

於是，我們得以窺見佛教與印度教此消彼長的冰山一角。

在紀元前後，印度的政治正是小國林立、政權更迭頻繁的年代，因此常有這個國王支持佛教，下一個統治者卻支持婆羅門教的情況，使宗教陷入劇烈的消長變化中。這時，民間開始出現大量的歌謠與神話史詩，在人們的生活中廣為流傳，其中最著名的，就是《摩訶婆羅多》與《羅摩衍那》了。這兩大史詩的本質其實並不屬於宗教經典，但是在後人不斷的增添補綴之下，婆羅門的思想與新興的神祇信仰便融入其中，形成蘊涵深層文化的宗教史詩。

藉由一次次的廟會吟誦與戲劇表演，人們很自然地接受了劇中人物的處事態度與宗教信仰，史詩中所呈現的種種論點——對祭祀的推崇、牟尼的神通、種姓的不可逾越和男尊女卑等，逐漸成為社會的主流思想，而佛教也開始感受到這股在民間蠢動的神話教育力量，傳法的壓力與日俱增。

到了西元四、五世紀，佛教著名的論師世親（Vasubandhu）曾經特別點名提到，《羅摩衍那》等民間書籍雖有文字上萬偈，卻是有文而無義，他提醒佛弟子們：「外道書論不堪問難，若其問難轉不牢固，無有義味，如猿猴子不耐打觸，若其打觸便失糞穢。佛經堪耐打觸，若打觸時則出清淨戒色及善根觸，亦如波羅奈衣堪耐打觸，若加打觸，光色轉妙，出生妙觸。」世親論師會特別針對這些神話史詩做討論，並以波羅奈城的絲綢來比喻佛教典籍的博大精深，不怕世間的磨難與考驗，顯然當時佛教已經受到了民間神話不小的威脅。

那時正是笈多王朝興盛的時代，笈多諸王和七世紀的戒日王（Harsa）都是濕婆的虔誠信徒，只是他們採取寬容的宗教政策，同時支持佛教的發展，並且耗費鉅資建立了舉世聞名的那爛陀佛教大學，這種支持方式雖為佛教帶來另一波興盛高峰，但也間接地斬斷了佛教的民間生命力。

佛陀在世說法時，就相當注意語言的使用：面對的是王公貴族，便使用宮廷官話；面對的是市井小民，便用當地人民的日常用語，其目地無非是讓所有人不分貧富貴賤，都能有了解學習佛法的機會，這是佛陀平等法施的慈悲展現。可是，當笈多政府大力推行梵語時，所有的佛教經典就全部改以艱澀的梵文來書寫，佛教在政府的「支持」下，走進了最高學府，成為一門高深的學問。

當時的那爛陀大學，除了教授佛典學說外，還傳授吠陀典籍、邏輯學、數學，甚至冶金術等哲理與藝術修學，而上課的方式，則採取研討辯論的形式，由老師出題學生發表，或學生發問老師回答，彼此激盪出不同的看法與思維。

在這樣的學習環境之中，那爛陀大學可說是代代學者輩出、各各窮理思辨，只是，如此側重學理辯論的教育，卻使「修習佛法」慢慢演變為知識份子的專利，一般的升斗小民連認字的機會都沒有，又如何能從深奧的梵文經典中得到佛陀的智慧呢？

此外，國王還撥了上百個村落的稅收來供養大學內的師生，讓比丘們不再需要出外托缽，使得原始的遊化弘法，轉變為寺院叢林的群居生活。在這種情況下，當人們的生活中出現煩惱的時候，還有誰會用他們聽得懂的佛法來告訴他們如何解決苦惱呢？圍繞在他們身邊的，只有依舊活躍遊走於民間的婆羅門。他們透過簡單易懂的史詩神話，把婆羅門思想靈活地轉化為更符合人心需求的宗教——要你祭祀唸咒，要你虔心奉獻，要你把未來寄託在大神的身上……做這些事雖然無法從根本滅除苦惱迷惑，但是人們聽得懂，也做得到，敬神祭祀和生活緊密結合，為迷惘的人們提供了心理上的支柱，讓他們能認命地繼續在苦難中求生存。

船伕們的怡然自得，來自於古老的生活信仰。

於是佛教慢慢金字塔化，而印度教卻在沒有統一教義與領導教主的情形下，表現出超級的吸收力與寬容力，只要是能合理解釋並且不違反傳統思想者，就可以被吸納為印度教的神明與信徒。因此，當十二世紀佛教遭受回教大軍入侵而毀滅時，佛陀就在印度教的崇仰與設計下，成為毗濕奴的第九個化身。

在卡利（黑暗）年代的開始，主會以佛陀的身分在迦耶出現，
這是為了迷惑那些忌妒於虔誠信神的人！

——《薄迦瓦譚》（印度教經典）

這是多麼不可思議啊！他們將佛陀駁斥吠陀天啟、無義祭祀與種姓思想的理性智慧，解釋為毗濕奴的陰謀化身。

根據毗濕奴派的說法：「這個化身最主要是以反對吠陀思想為掩護，吸收那些反對虔信神明救贖的人，並藉此對《吠陀》做出新的解釋。重新詮釋《吠陀》是因為在這部古老典籍中，有許多婆羅門殺生祭神的習慣，因此『化身的佛陀』先拒絕婆羅門的思想取得人民的尊敬，再廣為宣說不殺生、非暴力的印度教精神。所以毗濕奴化身為佛陀的目的，是在為重塑印度教的信仰鋪路！」

這七纏八弄湊出來的毗濕奴化身說簡直令人匪夷所思，但印度人民相信了！他們雖接受了佛陀不殺生的智慧教說，卻未放棄神的庇祐與救贖。這也難怪，即使是近代印度最具影響力的人——甘地，也難以分清佛陀與印度神教的天壤之別。甘地自認深受佛陀的非暴力精神感召，也自稱是佛陀的追隨者，甚至作家羅曼羅蘭與詩哲泰戈爾也將甘地比喻為釋迦佛陀，可是他卻在西元一九二七年的斯里蘭卡佛教會議中說：「佛陀的教導已在印度結出豐盛的果實，因為佛陀自己就是印度教的一

路邊的奶茶攤是市井小民的休憩聚會所。

份子，他全身充滿著印度教的精華，他讓《吠陀經》中被荒草掩蔽的教義重新復活了……佛陀的偉大在於將茂盛濃密卻了無新解的吠陀森林中的真理，重新挖掘出一條道路……我將佛陀的成就歸於印度教的勝利。」

印度教在印度確實是徹底地勝利了，但是要說這是佛陀的成就，相信沒有一個佛弟子會想要居這個功的。

不過，相信甘地先生現在應該已經知道事情不大對勁了。因為，在西元一九二四年，人民因崇仰甘地爭取印度獨立的精神而開始祭拜他的偶像時，他曾經告訴人們說：「我們的國家裡迷信已經夠多了，我們應該盡力防止崇拜甘地，以免增加更多的迷信。」

言猶在耳，回聲還飄蕩在天空之中，人們就在他去世後，把甘地變成了毗濕奴的第十個化身，如果他地下有知，想必要搖頭苦笑吧！話又說回來，如果成為毗濕奴的化身，可以讓印度人們記得（可不是崇拜哦！）這些偉人聖哲的精神與智慧，或許也可以算是在這不完美狀況中一點點小小的安慰吧！

我們在美麗的托西摩那神廟中，大大領教了這些史詩神話對人們的無限魅力。一進大殿，左手邊就有一尊托西．達士的塑像：一個留著及胸大鬍子的男人手中捧著一部《羅摩衍那》，塑像裡頭裝了機械，因此他正一面翻著書頁，一面搖頭晃腦地唱頌著其中的故事。神廟內部的牆上刻著他所改編的《羅摩衍那》印度版全文，還配上了美麗的插圖壁畫，讓一波波前來觀視羅摩與悉多的人潮看得神魂顛倒、嘖嘖稱奇。當他們懾服於神話中羅摩的大能時，也就吞下了其中的宗教訴求：「敬拜羅摩吧！誦念祂的聖名吧！不要問為什麼，因為祂就是唯一真實的神！」印度人把神話、宗教和生活結合得多麼密切啊！大家來到這裡，既拜了神，又聽了故事，還可以看到有趣的電動人偶，這是多麼好玩的宗教啊！我們忍不住要對那個搖頭晃腦的大鬍子說一句：「哼！算你厲害！」

直到今天，印度教的造神運動仍然熱熱鬧鬧地進行著。在印度各個商家民宅的神壇上，經常可以見到一個穿著橘紅袍子、留著銀白鬍子、舉起右手表示「守護」的精瘦老者的照片，和許多神像擺在一起接受香火和花環。他是「賽巴巴」（Sai Baba，巴巴是印度人對修行者的尊稱），在許多印度人們的心中，他是一位了不起的聖者。雖然我們問了許多人，都沒有人說得出他到底做過什麼了不起的聖事，可是他依然被人視為活神而受到無上的崇敬。「賽巴巴」就彷彿是一隻已經長出了四腳的蝌蚪，正歷經由人轉化為神的中間過程，相信假以時日，他就能正式進入印度教的聖殿，成為一個不折不扣的神。

如同神明般受到禮祭的賽巴巴。

印度民間的造神工廠已經運轉了幾千年了，一時之間還沒有停工的跡象。佛陀禁止弟子們崇拜偶像的慈憫用心，甘地苦口婆心的勸導告誡，都不能阻止人們將自己冊封為神，更何況是原本就以成神為目標的印度教巴巴呢？看來只要人們還有需要，這間工廠就會永遠地運轉下去，永無休止。

每一種宗教在一開始都具有解放的力量，但最終卻都變成一座巨型的監牢，這座牢獄往往建立在它的奠基者所放棄的基礎上，成為宗教司祭者手中操弄的機器。

——一九六四年，泰戈爾在宗教大會上的演講

4

在安靜的乾熱午後，我們來到哈努曼神廟（Hanuman Temple），它的正名應該是Sankat Mochan Temple，可是為了讓我們這些外國鄉巴佬能把這許多神廟搞得清楚，所以……

毗諾提醒說那兒有很多頑皮的猴子會搶奪人們的皮包或帽子，你得拿食物給牠們才能「贖回人質」。這點我們了解，在剛到瓦拉那西時，猴子們就已經來旅館和我們拜過碼頭了。

那天，剛洗完澡，從浴室一出來，就看到兩個非法闖入的傢伙，一個蹲在角落窸窸窣窣地翻著剛包好的垃圾，一個站在門口探頭探腦，看來好像在把風。當時我並不害怕，因為聽說只要比牠們更兇，牠們就會離開。於是我用力跺著腳，假裝兇惡地向牠們揮拳怒吼，想把牠們嚇走，沒想到那個主兇竟然高舉起雙臂，伸張著尖爪，齜牙咧嘴地向我撲了過來，當下我就發出了一串撕天裂地的尖叫，這才把那兩個惡棍震得耳膜發麻，搶了那袋垃圾跑走了。

瓦拉那西人絕對不會傷害猴子，所以猴子們也不怕人，常常要摸進人們的家中做非法搜索。在

忠心耿耿的猴神哈努曼。

恆河邊，這些傢伙尤其囂張，牠們會跳上餐廳的桌子，把杯盤瓶罐丟得滿地，或是把整箱可樂翻倒下來，讓那些玻璃瓶砸得粉碎。偶爾有新來的旅人，不知道牠們的厲害，看到那明豔豔的陽光，就很高興地把洗好的衣服晾在陽臺上，等他逛完這一天的行程回來的時候，就會看到他的衣服被撕得粉碎，躺在幾公尺之外的某個屋頂上。如果你向旅館抗議，那些工作人員會先哈哈大笑幾聲，然後對你說：「別生氣嘛！猴子就是這樣的啊！牠們又沒有惡意，只是好玩而已嘛！」若這些畜生真的鬧得太過分，人們也頂多是拿一把彈弓對著牠們做做樣子嚇唬一下，但那是完全起不了什麼嚇阻作用的，猴子們還是在這座聖城的屋頂上橫行無阻，稱霸天下。

人們之所以對這些無法無天的強盜禮敬三分，當然是看在牠們的英雄祖宗哈努曼的份上。哈努曼可說是羅摩的遠

扮演神明的孩子們。由於神明尊貴的雙腳不應該碰到骯髒的塵土，
因此孩子們是由大人背著上下出入。

征中最重要的角色。牠第一個潛入楞伽找到悉多；牠搬來大山填海造橋，讓猴子們和兩兄弟渡過大海；牠幾次遠赴高山，取藥救活遇害身亡的羅摩兄弟；牠又多次運用神通，諸般變化，救出被俘受困的兩個主角。這隻厲害的猴子付出自己全部的生命來服侍敬拜羅摩，卻沒有要求任何回報，因而成為奉獻派的完美典範，並且被提昇到神的地位，在一般的鄉野村落裡，它的地位可不輸給任何一個大神。

我們進入神廟時，並沒有看到想像中滿坑滿谷的猢猻，只有一隻猴子懶懶地坐在路邊抓癢，看來牠們今天休假，只留一個老傢伙值班。神殿裡頭正在舉行祭儀，鑼鼓喧天，鐘聲急促，人們擠在主殿前，合十觀視猴神哈努曼。

這個刁鑽頑皮、變化多端的猴神，總是讓人想起我們的孫悟空，因此一般認為西遊記應該是受到這部史詩的靈感啟發。不同的是，孫悟空終歸只是孫悟空，哈努曼卻可以成為一個神，受到人們的普遍崇敬和愛戴，由此可以看出印度人們造神的功力有多麼了不起。

夜幕初降，我們回到達沙蘇瓦美路，幸運地遇上了一場熱鬧壯觀的遊行。

遊行的最前端是兩隻巨大的象，牠們披著華麗的絲綢，白牙上鑲了金色的鏤花牙套，鼻子上彩繪著美麗的圖案，威風凜凜地走在大街上。第一頭象背上坐著一個人，舉著一幅畫像，看來像是畫著坐在尼連禪河邊菩提樹下的正覺佛陀，可是並不確定，問了毗諾，他也搞不清楚。第二頭象顯然更能激發人們的熱情，象背上坐著一男一女兩個美麗的小孩兒，一路都舉著右手，捻著蓮花指，孩子們妝扮華麗，做出威嚴的表情，雍容高貴裡透露著濃濃稚氣。

「那是濕婆和帕瓦蒂，」毗諾興奮得不得了，「孩子們是由大家一起選出來的，只有聰明美麗、個性和悅而且學過密咒讚歌的孩子才能扮演神明，能被選上是非常榮耀的事。」

人山人海中，我們跳下毗諾的車，加入了遊行的隊伍。

跟在大象後面的是兩排樂隊，樂隊後頭跟著一輛由兩匹駿馬拉著的銀色馬車，馬車上坐著一位上師，正拿著麥克風大聲唸著讚辭。馬車後是一隊頭上頂著日光燈的人們，最後是一群身著黃衣的修行者，他們額上畫了代表濕婆的三眼圖樣，手中拄著木杖，形成一條長長的隊伍。大街兩邊建築的二、三樓陽臺上，站著許多探身觀看的人們，那景象就和西元一世紀的石刻一模一樣，而在街上的人們，不論大人小孩，都興奮不已地跟著遊行隊伍跑，我們在人群中亦步亦趨地跟著那兩頭象，心裡覺得：可以那麼接近地撫觸這不可思議的龐然大物，真是太美妙了！

濕婆與帕瓦蒂從冰冷的喜馬拉雅山上，下凡到人間了！祂們的出現把慶典推到了最高潮。

從遠方前來參加盛會的聖者，他們身披的黃色布幔繡滿了咒語和吉祥圖案。

隊伍在達沙蘇瓦美河階頂端停下來，大象屈膝跪下，兩個大人從路旁一間開放的屋子中走到象旁，讓兩位小神明爬下象椅，騎在他們肩上，就這麼背進屋中，而穿黃衣的修行人們就順著河階走進恆河，進行沐浴祝禱的儀式。

遊行既然結束，我們便從達沙蘇瓦美河階沿著河岸走回旅館。經過馬尼卡尼卡河階時，卻發現那兒也搭起了一座小小的戲臺，上頭坐了四個小孩兒，他們都畫了明豔的濃妝，臉頰上貼了亮片綴成的花朵，身上穿著光彩奪目的袍子，頭上戴著綴了孔雀羽飾的金色高冠。戲臺下的人告訴我們，他們正在扮演《羅摩衍那》中的人物——羅摩、悉多、羅什曼那和哈努曼。天色已晚，扮演羅摩的小孩兒歪著頭睡著了，一個男人背了另一個同樣裝扮的孩子爬上戲臺，和那個睡著了的羅摩王換了班。幾個老婦人走過，虔誠地向他們合十祝禱，對印度的人們而言，這些孩子在這個時候，就是神的化身，與神無異。

看著河邊熊熊燃燒的葬火，相隔僅十數公尺，卻展現完全不同的情境。印度教用神話、戲劇、繪畫、詩歌和歡天喜地的廟會，在生活的悲喜歲月中，創造出一個充滿神靈的絢麗世界。在這個世界裡，即使死亡都是吉祥的。人們在這裡找到現實生活中難以追尋的希望，並且用各個多采節慶的喧天熱鬧，抹去勞苦生活中的空虛無奈。或許是因為這樣，人們才會需要這麼多的節慶吧！

Chapter 7 祭火絢爛笛瓦利

來吧！
燈火節，
從孤寂的暗夜中，
輕聲喚醒隱藏的火光，
向永恆的光明獻上交響樂音的禮讚吧！

——《泰戈爾詩集》

笛瓦利節！遍地閃耀的燈火，讓天上的星光也黯然失色。

1

整座迦尸城都沸騰了起來！

河階上的擴音器唱了整晚的讚歌，大清早，天色還沒開。河面上就已經佈滿了小舟。沿著河岸划行的，大多載著目瞪口呆的外國觀光團，而划向對岸的，則坐滿了準備祭儀的濕婆子民，河邊的神廟尖塔站在粉橘色的朝霞霧光中，顯得神祕異常。這寧靜的畫面足以使人忘記耳邊震天價響的傳統讚歌，全心浸淫在這既忙碌又神聖的微光中。

今天是恆河祭的最後一天，也是笛瓦利節的最高潮。在初升的朝陽下，河階上擠滿了沐浴的人潮。你絕對無法想像五、六萬人一起洗澡是什麼樣子！在最熱門的達沙蘇瓦美河階上，只能用萬頭鑽動來形容！大家密密麻麻地擠在一起，最前方的人幾乎是被推下水中，只能以極快的動作浸一下，把該做的儀式做完，該獻的供品隨便投入水中，就得趕緊上岸。他才一離開，後面的人就立刻補上了他的空位，就算是逃難搶最後一班船位，動作也不可能更快了！

印度人走了大老遠到這兒來朝聖，可不只是抹抹香皂、擦擦身體就算了，你還得把靈魂掏出來刷一刷，讓過去所犯的罪業在恆河中洗得一乾二淨。他們會以銅壺或雙手捧掬起恆河水，口中唸著禱辭向太陽神禮拜：「神啊！請將您的光明賜給我，讓我取悅您，得到淨化的力量！」再讓這聖水從壺嘴或指尖慢慢流洩回到河中，他們這樣做三次、五次或七次，總之必須是單數，表示將至聖的恆河水獻給太陽神，然後再全身浸入河中，也是三次、五次或七次，這便完成了沐浴的儀式，也確保了他們死後生天的權利。

成群蹲在河階邊的婦女們所做的祭儀就麻煩得多，她們把準備好的花環、水果以及茄子、南瓜等供品一樣一樣拿出來，有時還會有一尊小神像，或是用麵糰捏出一個一個小人偶，她們把這些東西按照規矩擺好後，就點上獻祭小油燈——這是一種用樹葉壓成的小碟子，其中放著幾朵花兒和一些穀粒，中間點著一盞小燭火。在這個臨時佈置的簡易祭壇前，她們虔誠地閉目合十，口中唸唸有辭，最後，把這些供品全部丟入水中——包括神像、油燈、塑膠袋和所有的垃圾，這個私人Puja就算大功告成了！

河邊神廟中的景象也沒有使人失望，這些擠著洗澡的人在沐浴完後，又擠著來到小小的聖殿和神廟中，將河中取來的恆河水潑灑在神像或靈迦上，並把剛剛在門口買的花串獻給神明。這種潑水的習慣來自於他們兩千多年前的老祖宗，太多的水和太多的花使得到處都變成飄著殘花的濁水溪。一個小聖殿的祭司硬是拉住我們看他的神像和小小的毗濕奴腳印，還為我們掛上花環，並在額頭上抹了一道紅彩。

「Good luck！」他解釋著這些動作的意思。可是環顧四周，沒有一個當地人身上掛著花環，所有的花環都是層層疊疊地掛在神像身上，我想他要不是把我們當成另一尊神像，就是把我們看成十足十的外國鄉巴佬。兩者都不是我們想要扮演的角色，所以我們還是把花環還給了恆河女神。

位在達沙蘇瓦美河階上的天花女神（Shitala，清涼之意）廟裡人來人往，聖殿之中起了一座火壇，一個婦女蹲在火旁，以額頭靠著火臺默默祝禱，並且將供品一一投入火中。婦女是家庭中負責祭祀的主角，女性的細心、感性、期望依靠和對安全感的需渴，使她們對繁雜瑣碎的祭祀準備工作勝任愉快，並藉此在家中取得一個重要而不可取代的地位。可是，看看這些祭儀都在祈求什麼呢？「丈夫長壽」、「兒子健康」、「家族添丁」……在印度沒有專為女性幸福而做的祭祀，女人的幸福是架構在男人的健康長壽上，一個失去了丈夫兒子的女性，她的世界也就跟著崩解殞落了。

瓦拉那西的生活步調是隨著節慶祭祀的脈動而前進的，每一天都有其特定的宗教意義：星期一要拜濕婆、星期四得去哈努曼神廟走走、星期二和星期六屬於杜爾迦女神、滿月該做什麼、新月該做什麼……藏在城中小巷子內的書舖裡，販售著一本印度月曆，那是由最年劭博學的婆羅門們共同完成的傑作，裡頭依著太陰的朔望，算出每年的節慶日期以及每日該做的祭祀，密密麻麻，複雜之至。你不必指望有人會願意為你解說，就好像如果有老外纏著我幫他解釋臺灣的農民曆，我也要送他一個白眼。

不過，桑傑還是很好心地把一些重要的節慶告訴了我們：

「十一月中月亮最細的那一天是笛瓦利，笛瓦利的第二天是『食山節』（Annakuta），你們可

婦人們聚集在河邊，用麵團捏出各式各樣的小塑像，她們說這是要獻給死去家人的供品。

以到黃金神廟跟它對面的豐足女神廟（Annapurna，意為豐美食物之母）去，人們會在那兒用各種食物堆起一座山丘，等到祭典完畢後再發給所有人；

一月的第十四天是冬至，稱為Makara Sankranti，這一天恆河的天空上會飄滿了風箏；

二月間有迦尸最大的甘尼夏節（Ganesha Chaturthi），那是象頭神的生日，我們會供奉一座巨大的甘尼夏像到恆河中；

二月到三月間有春天最盛大的胡利節（Holi），大家在這一天會互撒紅粉，並燃起火堆焚燒女巫胡利卡（Holika）的塑像；

三月和十月各有一次慶祝女神勝利的九夜節（Navaratra），要連續九天九夜巡迴女神廟獻祭，最後還要把一尊很大的杜爾迦女神像獻給恆河；

四、五月的乾季間有佛陀的誕辰，也是最適合苦行朝聖的日子；

雨季的七、八月間有龍王祭（Naga Panchami），因為大雨常把蛇逼出洞穴跑進民家，所以大家都會在門上貼大蛇的海報讓蛇遠離……」

桑傑說沒有人能搞清楚所有的祭典，因為除了全城同慶的大節日外，還有無數不同宗派各自舉行的慶典。總而言之，在瓦拉那西，幾乎天天都是節日，祭司的火從來沒有機會停息……

2

夜空若是沒有星光，人們就不會抬頭望它；瓦拉那西要是沒有祭祀，也就等於失去了她最耀目的光芒！

每年，總有無數的旅人，帶著無盡的好奇湧進這座聖城，想一窺她的神祕祭典。那是蘊涵著對永恆生命的渴求所展現的儀式，不論你心中的神是基督、阿拉，還是媽祖，都很難不被他們無限虔誠的奉獻身影所感動，因為，潛藏在種種繁複動作之下的，是絕對的相信以及渴望得到救贖的困苦心情。

「祭祀萬能」的思想是婆羅門教乃至印度教的基本教義，從很久以前的神話文獻中，就記載著國王們舉行奢侈的「王祭」、「馬祭」、「牛祭」等，五花八門，不一而足。

在祭祀中，最主要的角色就是水和火了！

以海洋為上首，水從天空中流下，

路邊的小神祠。

浩蕩光明的眾神隊伍，是由卑微的僕人頭頂著沉重的燈火前進的。

捔起河水，再獻回河中；這種獻祭的儀式已經進行好幾千年了。

洗淨萬物、從不止息；
因陀羅，執金鋼杵的英雄，
開闢道路，
水的女神啊！
請賜給我保護！

天上降下來的或人們所挖掘的，
甚至是自己湧冒出來的水，
向大海流去的、純潔不染的，
淨化一切者，
水的女神啊！
請賜給我保護！

——《梨俱吠陀》7卷47首

只有體驗過印度夏季攝氏四十五度乾熱的人，才會了解在水中浸浴有多麼清涼愉悅。那無法言喻的清涼，使得人們忍不住要生起種種的聯想：水，既然可以洗去身上看得見的泥塵污垢，讓熱惱的四肢清爽舒暢，那麼，一定也能洗去那看不到的無盡苦業，消融所有罪惡，讓生命回到純淨無垢的狀態，使生活——不論是現世的或是來世的——能更好過。

於是，主掌神職的婆羅門便將這種思想化為實際的生活規範，正式進入人們的信仰基因中。

控制感官情欲，每天入水沐浴三次，
誦念阿迦摩剎那，再繼續斷食三天，
所有的罪惡都將消滅殆盡！

——《摩奴法典》11—259

河面上進行的沐浴是水祭，
向神像、靈迦或老樹潑灑恆河水是水祭，
啜飲聖河或聖井的水也是水祭……

人們這樣做了以後，就覺得自己從裡到外都潔淨如新了，生天或是投生到更好的下一世應該都沒有問題了，可是基於一些我們無法了解的原因——可能是遠古留下來的對神的敬畏，或是對神賜予解脫恩典的感激，也可能是擔心自己歸天時正好遇到濕婆和帕瓦蒂夫妻吵架，結果莫名其妙當了出氣筒，被丟入地獄或是轉生為一頭驢子（在印度人們心中，最不願意的就是投胎變成一頭驢子）……總之，人們就是無法真正放心，所以只要一有機會，就要把同樣的事再做一遍，並且告訴自己：「小心一點總是沒錯，祭神是永遠不嫌太多的！」

踏上無止境的朝聖之旅，

這世界死亡了；
死在不斷沐浴的精疲力盡中。

——喀畢爾，十五世紀時印度偉大的民間詩人

同樣的心情也造就了永不止息的祭火！

託笛瓦利節的福，我們在小巷弄中邂逅了一場小型的火祭。共有六位婆羅門一起舉行祭祀，他們先用磚塊圍成一座火爐，然後以牛糞燃起祭火，主祭者一邊誦念吠陀讚歌，一邊用火供木杓將祭壇旁融化的酥油適時地添加在火上，以保持火的適度旺盛，其他人有的用同樣的木杓投入水和香乳，有的則直接用手抓取穀物撒入火堆，他們的姿勢動作簡直和西元一世紀左右的雕刻一模一樣。

阿耆尼啊！照亮黑暗者，
我們每天面對你，心中充滿崇敬地接近你。
一切的祭祀由你掌握，在自我居處內冒生，
你是世間光明與規律的守護者。

——《梨俱吠陀》1卷1首

火祭是婆羅門祭祀中無可取代的主角，遠從吠陀時期以前就已在中亞伊朗等地流行，婆羅門認為，透過火的熱力，可以將食物甚至是宰殺的牲畜，連同誦歌的祈求內容一併送到神的手中，如果神對供品感到滿意，就會降下福德給出錢舉行祭祀的人，因此一切願望都能在火的祭典中實現。隨

女人是家中祭祀的主角，在家人沐浴的同時，她們永遠有忙不完的祭典儀式。

著人們的渴求從平安長壽進化為解脫生天，火祭也從祈福演變為自我修行的方式。西元前六世紀的恆河平原上，有許多事火婆羅門，就是以燃燒的火作為解脫的工具。

當時，不論是傳統婆羅門或是異師外道都難以抗拒火祭的迷惑，定下的規矩也愈來愈周延。比方說在正式的火祭時，要先在祭壇四周的地上塗上牛糞，這是因為印度自吠陀以來即視「牛」為神聖的動物，因此牛糞也被視為「清淨」的表徵，接著在正中央做一個大火爐，在四方做四個火壇，主祭者需沐浴淨身才能上場，接著就開始熱鬧的誦咒與繁複的儀式。

不過，一個真正的火祭狂熱者並不會把那些繁文縟節放在心上，「火」才是唯一的主角。居家者只要家裡空間足夠，就直接挖個火坑，日夜燃燒令火不斷；而野外的林棲者不論是遇事不順或是心血來潮，只要收集到足夠的樹葉枯枝，點起火來就是一個祭祀的火壇。簡單來說，只要有火，怎樣都行！

在婆羅門的大力宣傳下，晚期吠陀典籍中不斷創造出各種大小祭典，從求取個人福樂到祈求國運昌隆，可以說應有盡有。古經中甚至還記載著，婆羅門宣說若有活人投身祭典的火海中，即可直生天界與大梵合而為一。結果，人們還沒有進入生死輪迴，就先捲入了無盡的祭祀輪迴中。

因為在面對「不可知的未來」時，人們心中總是充滿了疑惑與恐懼，為了消除這種疑慮不安，他們聽從婆羅門的主張舉行祭祀，期望能得到保護或救贖。這樣做確實讓人們獲得了短暫的心安，可是這心安在他們走回家前就會消失了，人們還是無法放心，只能再度回來求助於祭司，再舉行一次效力更高的祭祀，但這高劑量的安心丸還是無法長久，人們只好一而再、再而三地用這極短效的止痛劑來安慰自己。在這當中，婆羅門便發了財，並且得到了高貴的地位，可是這又有什麼用呢？祭司或許是生活得舒適一些，但是心裡的恐慌和一般人是一模一樣的啊！想想看，如果他們真的相信自己說的話，就不用發明那麼多的祭祀花樣了。

人心被恐懼怖畏所逼迫時，
會去尋求山岳、森林、園苑、樹靈、神祠等地方為安穩的保護。
但這不是安穩的歸依處，
因為這樣的保護無法令人安穩，無法脫離一切痛苦。

——巴利文《法句經》188、189偈

看著河階上玩耍的孩子們恣意地跳水、狂奔著放風箏、以焚燒屍身的葬火點燃大龍炮、隨手一根木棍就可以打起棒球……對孩子們來說，又哪裡需要尋求其他的解脫天堂呢？可惜的是，這天堂也只為十歲以下的孩子們而開放，超過十歲，就是大人了，就得加入工作的行列，捲入永無止境的生活掙扎。

天堂愈來愈遠，心靈愈來愈沉，快樂只存在於維持生計，希望躲藏入未知的來生，而那困惑無奈的心，也只能在信仰中尋求寄託了！或許，在每天的沐浴祝禱和祭祀儀式中，殘存著孩提時純粹的快樂回憶，以及想要回到兒時天堂的渴望，所以那炙烈的祭火才會日日不歇吧！

狗兒好奇地看著人們忙碌準備祭典。
震耳的鐘聲與狂熱的火，將祭典與人心帶向最高潮。

3

達沙蘇瓦美路上蹲坐著一排風塵僕僕的瘦乾乞者，每個人的面前都放著一只鐵盤，祭祀完的婦女們在經過時，就會從袋子中抓出一把米放在他們的鐵盤中。

「佈施是獲得福德的主要善業，」我們的朋友維卡希說：「他們都是鄰近村落的人，知道今天有祭典佈施，所以都聚集過來了。」瓦拉那西的笛瓦利節，在歡樂的氣氛中潛藏著信仰的本質：祭祀、沐浴、佈施……所有的一切都是為了積聚福德，使未來的日子能過得更好。

西元前六世紀，佛陀來到這裡時，面對的是否也是這些景象呢？

在佛經中記載著這樣一個「水的故事」：

一位露宿荒野修行的水淨梵志，在前往河邊進行神聖的沐浴時遇到了佛陀，他熱情地邀請佛陀一塊兒到河邊沐浴，並大力推銷說：「這條豐沛的河水具有世間最圓滿而潔淨的特徵，能渡人出苦厄，並賜無量福德，只要前往河中沐浴，就可除盡人間的一切罪惡呢！」

佛陀聽完後，知道水淨梵志每天都以沐浴作為修行解脫的方式，於是便誠懇地告訴他：

「人生的污穢有多種，有邪見污穢、貪心、瞋怨、疑惑、妒忌、欺誑、諂媚、無慚、無愧等諸多污穢，若令這些污穢隨意沾染內心，則我們將心生憂惱，有如置身於窮惡之處！

好比一件骯髒油膩的衣服，雖然讓人以除垢之物努力刷洗，然而此衣物必定仍會留有污漬塵垢、無法徹底洗淨的道理一樣。」

節慶時分，人們在河階畫上五彩繽紛的圖案以示慶祝。圖中的蓮花代表純潔，亦是女性的象徵。

佛陀又接著說：

「如果已知道人生的污穢有貪心、瞋怨、疑惑、妒忌、欺誑、諂媚、無慚、無愧、邪見等諸多污穢，若不令這些污穢沾染內心，則我們將心生喜樂，有如置身於良善之處！

好比一件乾淨潔白的迦尸衣，讓人以除垢之物再努力刷洗，但由於此迦尸衣原本就相當潔白乾淨，故此迦尸衣必定仍是無染無垢，無有污穢的道理一樣。

因此水淨梵志啊！沐浴是洗淨內心，而非洗淨外身啊！」

「洗淨內心才是真正的沐浴啊！」佛陀的一席話點醒了愛洗澡的水淨梵志，於是不久後，水淨梵志就捨棄了無法淨除身心染污的沐浴修行，成為佛陀的弟子。

在另一個「火的寓言」之中，佛陀遇到一位正準備宰殺數百隻家畜舉辦盛大血腥祭祀的婆羅門，就在典禮開始之前，佛陀告訴他，殺生祭天不僅沒有善報，還有

「燈火啊！請將我的祈願交付恆河，帶回天堂！」

罪過，這種血腥的祭祀並不能得到真正的福田。由於當時的婆羅門有供養「三火」祈福生天的祭祀，於是佛陀便以「三火」作為巧喻，讓這位婆羅門更容易領略。

佛陀說：「世間有三種火，當隨時恭敬、禮拜行事才會有安樂。一是根本火，二者居家火，三為福田火。

良善的人勤苦地工作，而將如法所得的財富，供養生養的父母是為根本，故名根本火！

良善的人勤苦地工作，而將如法所得的財富，養育妻兒、宗親、僕役等，樂則同樂、苦則同苦、家居安樂，故名為居家火！

良善的人勤苦地工作，而將如法所得的財富，如法供養善能調伏貪、恚、癡的清淨修行人，利益人間、增進福事，故名為福田火！

此外，世間另有三種火應令其滅

斷，那就是貪欲火、瞋恚火、愚癡火！若貪、瞋、癡三火不滅不斷，則將自害害他、兩相無益、心染污垢而生憂愁悲苦。

故良善之人應事積薪火勤加照顧，令生善的『三火』隨時燃，讓生苦的『三火』隨時滅！」

這位婆羅門聽完佛陀的話後，知道佛陀說的很有道理，只是他已經準備了盛大的祭祀牲禮，上百隻牛羊牲畜都已經牽到水岸準備宰殺祭神了，此時喊停實在難以對眾人交代，但經過苦思後，他還是決定將所有的牲畜都放回荒野之中，讓自己的身心解離祭祀的繩索！

在一片祭火瀰漫、讚歌飛揚中，唯一不說祭祀的人，只有佛陀！

在「水故事」與「火寓言」中，佛陀反對的並非「水」與「火」，因為水火是自然因緣的一部分，何須反對？就好像佛陀不會反對婆羅門用火炊煮飯菜、用水洗滌衣服一樣。事實上，佛陀時而嚴詞抨擊、時而溫婉提醒的，是誑惑世人的神祕祭祀思想。因為世界上從來沒有用水洗左手而右手會乾淨、用火煮米飯而青菜會被炒熟的道理，何以婆羅門等外道要鼓吹人民，洗身體就可以滌淨心靈？做火祭就可以滅除罪行？

佛陀之所以不厭其煩地一再勸誡，無非就是希望人們能以理性的思想，覺發清澈的智慧來看待世間的一切事物。倘若臉有髒污，就用水洗去，要煮熟飯菜，就用爐火去加熱，心中若生惡意而有惡口、惡行乃至惡業，就回到身心中去息止吧！讓火歸於火，水歸於水，身心還復於身心的本來面貌，才是滅除煩惱的真理！

因此，佛陀從來不說祭祀可以生天或得到解脫的涅槃，相反地，他要我們仔細地體察渴求永恆或解脫的欲望，因為這或許正是讓我們身陷苦境的真正原因。因此，回到雖隱覆難測卻可如實證知的身心中尋找答案吧！回來看看我們面對未知時的恐懼與幻想，找到身心惑苦的原因與解決之道，才能尋得真正的解脫啊！

「布那迦啊！他們期盼、渴求、讚頌、舉行祭祀，他們為求有所獲得而渴望欲愛且貪戀生命，因此狂熱於祭祀，我說他們不能超越生和老的束縛。」
「布那迦啊！如實地洞悉世上的萬事萬物，隨時隨地身心平穩、沒有欲貪與煩惱，我說這樣的人能超越生和老的束縛！」

——巴利文《經集》1046、1048偈

因此，佛陀經常以巧妙的比喻來點醒崇拜祭祀的人們：當你一心一意歡唱著讚神頌歌、不斷往火中投入酥油使火熾熱燃燒的同時，隱藏在心中的無名苦火也就燃燒得更旺盛了。許多事火多年的修行者在聽了佛陀的教示後，便皈依佛法，出家成為比丘，可是由於過去的習氣，他們不免還是有祭祀的衝動，因此佛陀才制定戒律，禁止僧伽們做火祭、誦咒術或進行任何外道的祭祀儀式，若行此法，就是違犯佛制的律戒。佛陀甚至嚴格地規定比丘們：除非臥病在身，否則不可無事觸火，若觸火時，心中須佛、法、僧正念持守，不可忘失。

人心是多麼危脆啊！

每當內心的空虛苦惱與無助迎面襲來的時候，那焦慮惶惑、輾轉難安的心，就像是溺水的人一般，身邊有什麼，就先抓什麼。祭祀祈求的功效雖然縹緲而未定，總是讓人有一件事情可做，心頭也能夠因此而感覺踏實得多，透過這些繁複的祭禮動作，人們將得以暫時避開自己的煩悶，獲得短暫的安穩。

而「持守正見」、「洞察身心」的佛陀教法，卻是逼著那苦惱的人和自己燒灼的心面對面，不准逃、不准轉移焦點；就像是看到鬼影的人，不但不能逃跑，還得站在那裡把鬼影看個一清二楚。雖然，看到了身心中的鬼影，就可以找到對治的方法，永遠不再害怕，可是在看清楚之前，那不安與恐懼是如何巨大啊！

精勤修學的佛弟子或許還能互相督促，牢記佛陀的教誨並守持淨戒，但是對習於尋求祭祀救贖的平凡人們而言，那盆祭火仍然有著難以澆熄的餘燼啊！

竹竿愈高就愈接近天堂，祖先們回家的路也就愈明亮！「願我們的祖先，神聖的人們啊！靈魂回來吧！讓我們生活在一起。」

河邊隨處有神壇，讓人們沐浴後就近朝拜。

河階下通恆河，上通天堂——印度的人們這麼相信著。

TO KEEP GANGES NEAT & CLEAN PLEASE DO NOT
PLASTIC BAGS, & DO NOT USE

當知危脆的身體如易碎的陶瓶，
妥善地防護心，有如堅固的城堡，
以智慧破除魔障，勤修正觀不可退失。

——巴利文《法句經》40偈

西元前三世紀，也就是佛滅後約二百多年，孔雀王朝的阿育王在他著名的石刻摩崖法敕中曾經說到，當時的百姓在生病、外出以及生兒育女等各種時候，總喜歡做各式各樣的祭祀祈禱，這些祭儀雖然是當時大家習以為常的事，但阿育王認為「佛法的祈禱果實」勝於日常的祈禱儀式。那麼什麼是「佛法的祈禱」呢？就是「善待奴僕、尊敬師長、不殺生、供養清淨有德的修行人，這就是佛法的祈禱」。阿育王在全國各地立下了這樣的石柱與碑文，期待能以佛法來教育人民，改善社會風氣。法敕中親切如實的倫理勸導，說明了佛法的內涵在當時還保有原始的純正，卻也顯示出，民間的祭祀習俗依舊受到人心的仰賴與依靠。

阿育王死後約五百年，西元二世紀左右，印度宗教的發展已經有了相當的轉變了，當時有一位著名的佛教詩人馬鳴（Ashvaghosa），他出生於婆羅門家庭，精通吠陀典籍，但最後卻皈依佛教，成為出家比丘，並且寫下後世流傳的讚佛詩篇——《佛所行讚》。在他所著的《大莊嚴論》經中，曾經提到一個事件，反應出當時的社會樣貌：

那時中印度地區有一個聚落主，聽了婆羅門為他說的《羅摩衍那》與《摩訶婆羅多》，相信人若投身於祭火中將可直生天界，在婆羅門的巧說聳恿之下，聚落主對天上的種種歡樂心生豔羨，於是擇定吉日舉行盛大的火祭，準備投火生天。就在火祭之時，一位佛教比丘到來，知道聚落主誤信了婆羅門的謊言，於是巧妙地反問了聚落主。

「聚落主，你知道生天的道路嗎？」

聚落主回答說：「不知道！」

比丘又問他：「你若不知道路，要怎麼到達？要到一個陌生的聚落尚需識路的人引導，更何況到天上的路不知有多遙遠漫長？而且天上如果真如婆羅門所說充滿歡樂與美好，何以這些又老又窮的婆羅門們不跟你一道去？」

聚落主聽完恍然大悟，於是上前抓住婆羅門，要求他們一起投入火海為他帶路，在婆羅門的苦苦哀求之下，終於揭穿了婆羅門為求得錢財而誑說邪教的技倆。由此可知火供等祭祀活動，在當時經由民間詩歌的流傳與鼓吹，已是相當地氾濫興盛了！

在西元五世紀以後，崇尚祭祀、苦行、瑜伽、種姓制度與解脫生天的婆羅門思想，在濕婆與毗濕奴領軍下展現得更為淋漓盡致，他們結合了原始的土著神祇，在印度教的神殿中，發展出更多不可思議的神明，許多天女、母神（Mata）或仙女（Yogini）也開始相互結合，形成獨當一面、威力無窮的大女神，她們要不就慈藹吉祥，如拉克修美和恆河女神；要不就善戰恐怖，像杜爾迦和卡利。隨著神明愈來愈多，祭火也就更為炙烈。

西元六世紀左右，印度民間開始出現「虔信運動」，主張應以純

一艘艘運木船將焚燒屍體的木頭，運來到天堂之城。

粹熾熱的虔誠來愛神，只要絕對地相信敬奉，神就會賜下無上的恩德，並且保證死後能與神結合，回歸大梵，於是，祭祀的心態有了更狂熱的轉換。

七世紀末，中國僧人義淨前來印度求法，記錄了當時印度民間狂熱的宗教行為。他說：「比丘們自焚燒身，甚至教唆他人求死可得解脫的事件也時有所聞。恆河之中每天總有許多人自溺而死，迦耶山附近的宗教自殺事件也頻頻發生，有人故意活活餓死，或是爬上聖樹墜地摔死，甚至自殘毀傷陽物……」看來這非理性的狂熱信仰也在佛教內部掀起了風潮，這股盲信的煙霧似乎已籠罩住整片印度天空。

這種純感情的、無條件的、完全奉獻的信仰，正是浪漫詩人的搖籃。社會上開始大量出現以熾愛的言語讚頌神明的詩歌，這些詩歌的作者散佈在各個階層和地域，他們以無限的感性情懷雲遊於各聖地間，並以各自的方言向廣大的民眾歡唱出神的恩德與絕對的崇拜，並且深信：只要以這樣純粹熱烈的愛誦念神的名字，大聲唱出讚神詩歌，熱切忘我的祭祀奉獻，加上風雨無阻地朝拜聖地，就可以取悅神，得到神的恩寵。而自古就是修行中心的瓦拉那西，當然不會在這樣的舞臺上缺席，它被所有印度教徒視為一座神聖的大祭壇，熾烈的虔信運動在此燒到了顛峰！

我們曾經在桑傑的小神廟裡領教過這種唱頌的魔力。當時，他拿出一隻小皮鼓，吆喝了毗濕奴賓館裡全部的婆羅門，在穩定躍動的低沉鼓聲和輕快靈動的高亢鐘聲裡，他們全心投入地嘶吼出：

Hara Rama Hara Rama Rama Rama Hara Hara

Hara Krishna Hara Krishna Krishna Krishna Hara Hara

啊！他們的歌聲是多麼的震動人心啊！每個人都閉上了眼，晃動著身體，從最深的心底，用全身的力氣，唱出沙啞卻情感滿溢的讚歌，才四、五個人的力量就已經使人屏息，若是千百人一起唱頌，恐怕會讓人的心臟都雀躍地跳出身子去。

這種虔信運動在羅摩和黑天身上發揮得最徹底，這當然是《羅摩衍那》和《摩訶婆羅多》兩大史詩與中世紀神教方言詩人的功勞。在《羅摩衍那》中甚至強調，只要說出「羅摩」這個字就可以直生天堂。在二十一世紀的今天，「Rama!」已經成為印度人最熱門的口號，這名字也早已成為「神」的同義詞了！

高山仍巍峨聳立，
江河在大地流竄，
羅摩衍那將常在，
萬古人間永流傳。

——《羅摩衍那》

只是，人心的苦惱並不因讚歌唱得好聽就能得到止息，在迷惑的生命中，佛陀畢竟只能指出智慧的方向，深切的身心之路終究只能自己獨行。真正面對苦惱流轉的，永遠只有自己，我們是要繼續在祭火的煙霧中和苦惱玩捉迷藏，還是要下定決心好好把那隻鬼看個清楚？

這個問題可有得想了！

笛瓦利節的下午，人們開始忙著佈置河階。

一碟碟小燭火，隨著天色漸暗而透出溫暖的微光。

4

下午兩、三點左右，河階上就出現了忙碌的人們。

他們不論男女老幼，全部動員起來，大人在每一級階梯上排起一列一列的小陶碟，女人捻了短短的綿線放進碟子中作為燈蕊，小孩就幫忙在陶碟中倒入燈油。除了階梯，每一座河階平臺上都設計了圖案，也是用小油燈排起來，空氣中蠢動著節慶的高潮氣氛。

達沙蘇瓦美河階兩邊搭起了壯觀的祭壇和舞臺，五點不到，河階上就密密麻麻擠滿了人，幾乎到了寸步難行的地步，可是卻還有小販把貨品頂在頭上，擠在人群中叫賣，有人賣花生，有人賣奶茶可樂，有人賣一種碗豆和米香混合的零嘴。在河岸邊，賣獻祭小油燈的小販把這些油燈都點著了，排列在路邊，點點火光迎風搖曳，煞是動人。

六點多鐘，祭典開始了！黃色的聚光燈下，一個年老的婆羅門帶著兩個年輕婆羅門上臺，三人身上都披著黃綢，坐在臺子中央，他們的助手坐在一旁，把各種法器按照一定的位置擺放起來。

吉時一到，婆羅門便搖動手中的小搖鈴，開始舉行迎神儀式。他們和助手一面唱著禱辭，一面把供品如香乳、花環、香枝和恆河水等倒入恆河中。人群繼續聚集，大家都買了小油燈，擠過人牆走下階梯，祝禱後將燈火放在水面上。一盞一盞的小油燈就隨著河水的撫弄愈飄愈遠，直到水面上處處都有小小的火光閃現，把恆河點綴得深邃而神祕。

婆羅門的祝辭唱到尾聲時，助手們就把包圍著祭壇的一圈小油燈點燃了，這時有兩條船經過，全船的人對著祭壇高聲喊：「Ganga Mata Ki Jai！」（勝利屬於恆河母親！）他們喊了好一陣子，迎神的儀式到此就算圓滿，表示神已到來接受供奉。此時放了水燈的人們就走到臺子邊，讓婆羅門在他們的額頭上點上一抹紅彩，做為恆河回報的祝福。

一位留著灰白長髮、穿著長袍的婆羅門老者看我振筆疾書，好奇地想知道我到底在記什麼。這真是有趣，我對他的信仰和儀式目眩神馳，他卻對我的文字和背景興味盎然。

「現在是笛瓦利節，我們正在舉行恆河祭（Ganga Puja），祈求未來一年的平安。」他向我解釋，所謂的Puja就是禮拜祭祀、向諸神敬獻供品的儀式。

突然，祭師們嗚嗚地吹起了法螺，低沉而渾厚的螺音迴盪在掛著細弦月的恆河夜空上。隨著祭師手中小搖鈴的叮噹聲，祭壇邊的鑼鼓隊驀然響了起來，在一片鑼鼓喧天中，祭典正式開始。他們先是點起了一把香枝，面對恆河以濃厚的煙霧在天空畫著什麼圖樣，來回三次，隱約看似寫著一個「唵」字，可又不大確定。等到擺弄夠了，就把香插在祭壇邊一幅小小的神祇畫像前，然後拿起助手準備好的一把大香油燈，照樣對著恆河比畫。大香油燈之後還有小油燈，由許多小油燈組成的油燈塔、花環，另一盞大油燈、一只鑲著金蔥的紅色小布包、一只有著長柄綴著蕾絲的圓布包和一把大拂塵，每一樣東西都被拿起來對著恆河比畫一番，在這之中唯一沒有被擺弄的是一只剝了外殼的椰子，因為它一上臺就被砸了個兩半，其中的汁液被倒入河中，獻給了恆河女神。

三個婆羅門動作一致地在壇上做那些好看的動作，讓人看得如痴如醉。祭壇上方搭了鐵架，吊著幾只大鐘，鐘上繫了麻繩，讓臺下的人可以拉著麻繩配合節奏，把大鐘敲得噹噹響。一開始是一位老人掌鐘，後來大概是手酸了，就換成一個婦女，然後是一個小男孩，等我再次回頭看時，敲鐘的竟然變成一個金髮老外，那個年輕的大男生又興奮又新鮮，玩得不亦樂乎。

等到所有法器都被獻過了之後，原本一片喧鬧的鑼鼓聲驀然息止，暗夜中只剩小搖鈴還在叮鈴作響，水面上遠遠漂來一排小油燈，一群接著一群，綿延得無邊無際，點點火光載浮載沉，搖曳閃爍，把黑暗的恆河天空照得壯觀懾人。

祭師左手搖著銅鈴，右手舉起法螺，又嗚嗚地吹了起來。

笛瓦利燈火祭盛況，讓整片恆河岸陷入了瘋狂！

突然間，鑼鼓再度大作，一陣急似一陣，在節奏速度逼到最高點時，一切聲音突然在瞬間戛然而止！河階上陷入一片寂靜。

然後，輕輕地，祭師唱起了讚歌，歌聲愈來愈響亮，週遭的人們一個跟著一個唱了起來，成為一片大合唱。在祭師的帶領下，人們一面唱著聖歌，一面拍起手來，這真是牽動人心的場面，每個人的表情都認真而虔敬，他們愈唱愈投入，情緒愈來愈高昂，河面上繚繞著激盪的歌聲：

Hara Hara Mahadeva Sambhu Kashi Vishvanath Ganga

偉大的濕婆啊！你是喜樂的萬物之主，永住在迦尸的神聖恆河上！

（註：Hara、Mahadeva 、Sambhu以及Vishvanath都是濕婆的稱名）

大家站在河邊，一遍又一遍地重複著這首簡單的讚歌，直到盡了興為止。

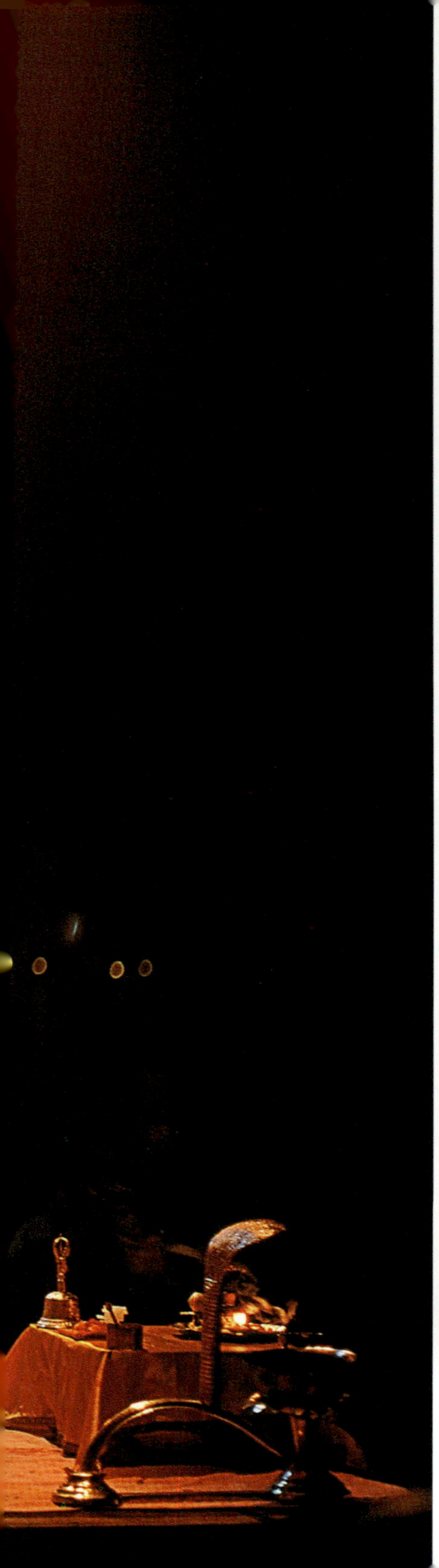

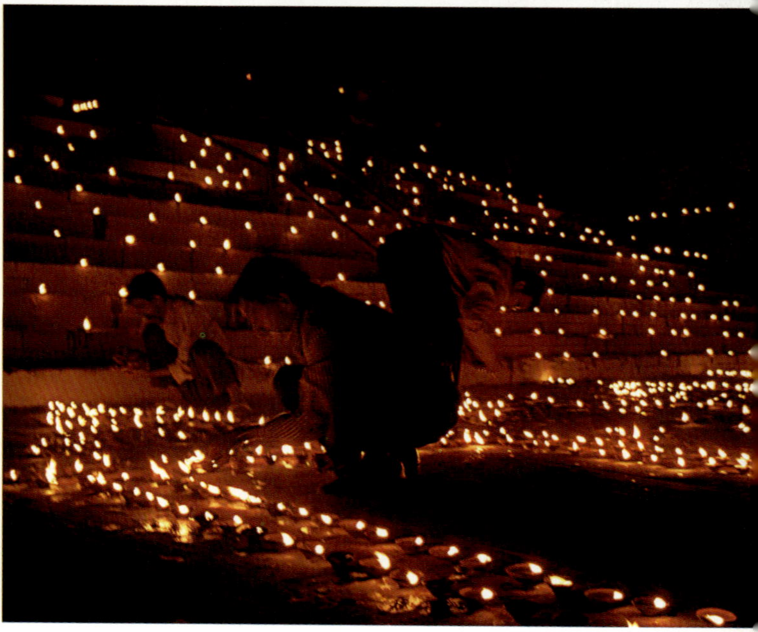

▍正式的祭典都是由三位婆羅門祭司主祭，他們面對著恆河，將眾人的祈望藉由燃燒的火傳達給天神 左。
▍特別設計的蓮花水燈，點燃後獻給恆河 上。
▍今夜，所有的星辰都墜入了瓦拉那西 下！

此時，助手便將剛剛被打破的椰子拿出來，挖出其中的白色椰肉，切成碎丁放在一只鐵盤上交給祭師，人們便一擁而上，圍在祭師身旁，恭恭敬敬地向他領取一些椰子肉作為祝福。

我們也分到了一些椰肉，老婆羅門說：「這是Prasada，是神的恩賜。」其實也就是祭過神的供品。人們認為上天賜予雨水、空氣和陽光使萬物生長，這一切都是神的恩典，因此懷著感恩、謙卑與祈求平安的心，領受由神祝福過的食物，這位老先生還不知從哪裡弄來一碟小油燈給我們：「把這個獻給恆河女神，就會得到庇祐。」果然，所有的人都擠在河邊把他們的小油燈放在水面上，祈求神恩，我們也就高高興興地湊了熱鬧。

在祭壇北邊的另一座河階上早已搭起了舞臺，由樂師、歌手和舞者一一上臺表演傳統音樂和舞蹈。人們挨擠著坐在階梯上，一邊看表演一邊啃花生，花生殼丟得滿地，走來走去的人們就把它們踩得喀喀作響。老人、年輕人以及小女孩兒提著大水壺叫賣奶茶和咖啡，「奶茶！咖啡！」的喊聲交融在傳統樂曲間，臺上臺下都是一片熱鬧融融。舞臺後方一尊吉祥女神拉克修美的神像款擺著腰枝，柔美地看著眾人，這些人們剛剛還莊嚴虔敬地唱著聖歌，現在卻完全沉浸在歌舞玩樂中，沒有人覺得格格不入，因為在瓦拉那西……不，在全印度都一樣，宗教不僅是神聖嚴肅的事，同時也是生活本身，兩者已經密切結合不可分割了！

我們擠出人群，立刻就被眼前的景象震懾住，忍不住發出了輕呼。

啊！多麼美啊！整條新月型的河岸上全佈滿了小油燈的點點火光，有多少階梯，就有多少排燈火，從達沙蘇瓦美就可以望見阿西河階上的光明，每一座河階都使出了渾身解數打扮自己，各自設計的油燈圖案躺在平臺上奮力發出光熱，而一旁的住家和神廟也不甘示弱，紛紛在陽臺和窗檯邊掛上金黃色的花串，排上密密麻麻的油燈，讓每一座建築都像是火焰中的花屋，把幽暗的聖城夜空照得一片光亮，成為真正的「迦尸」──光明之城！

恆河上，蕩漾著無數的小舟，此起彼落地傳來激昂的讚神呼喊，有的小舟上不停地放著耀目的煙火，有的則舉著熊熊的火把，但是大多數的人們都是乘著船到河心放下獻祭小燈，於是河面上就源源不絕地漂浮著鵝黃的溫暖燈火，整片蒼穹也就在火光映照與讚歌飄忽中，染上了無盡的神祕與燦爛。

在這泱泱大水邊舉行的祭典中，人們得到了心理的依靠，同時也得到了娛樂休閒的滿足，在下一個慶典來臨以前，人們就有了足夠的力量，可以面對艱困的生活。當然，他並不需要等待太久，因為在瓦拉那西，幾乎天天都是節日，這種養分是從來不愁沒有的。

踏著置身夢境般的虛浮腳步，我們順著一路綿延的閃爍燈火，朝河邊的「家」走去。今夜，所有的光耀星辰都從天上掉進了瓦拉那西，眼前的恆河彷如一條環繞著整座城市的燦爛銀河，而我們正漫步在無垠的太空河流上。每個人的腳步都有些凌亂，但心中卻是滿滿的亢奮與浪漫，不知不覺地，我們就走過了頭，迷失在一片燈河之中。

連宇宙都為之神魂顛倒的笛瓦利燈火祭啊！千百年來，不知讓多少人微笑地向它走去，為它如癡如狂、流連忘返，忘了回家的路途……

Chapter 8 悠悠恆河

她像風采迷人的美女，姍姍前行，
白色的浪花是輕披在她身上的薄薄涼衫。
她時而蜿蜒蛇行，體態輕盈婀娜，
時而猛然傾注而下，有如失足滑跤，
汩汩的水聲悠揚入耳，
好似她曼妙的嗓音，唱著醉人的歌曲……

——《摩訶婆羅多．森林篇》

恆河小舟上的修行者。

當一年一度的雨季結束後，人們會將重新露出水面的河階漆上明亮的色彩，使它們在陽光下熠熠生輝。

1

在瓦拉那西的日子裡，不論是感冒發燒還是熬夜趕稿，我們每天都要逼迫自己在黎明女神到來之前趕緊起床，然後來到陽臺上，等著看我們無論如何也不想錯過的瓦拉那西頂級風光——恆河日出！

恆河日出的美麗極為著名，若天氣清朗，你也起得夠早，就可以靜靜坐在陽臺上，看著原本灰藍色的天空在一晃眼間露出透明的粉紫色，寬廣的恆河面上，靜靜地飄動著朵朵淺橘色的雲彩，不一會兒，朝陽就慢慢露出一點小平頭，為大地撒下點點金粉，這平頭一點兒、一點兒地上升，變成了半圓，對著伸展在河邊的河階舞臺散射出金色的線條。接著，突然間，一顆渾圓的金球就跳上了地平線，寧靜的河面上映照出柔和的金光！於是，小舟、河階、神廟和沐浴的人們全都成了金色的迷夢。只有在這夢幻般的時刻，我們才能了解，為何印度的人們會驕傲地宣告：「恆河是天上流降下來的天堂之水。」

印度人們對恆河的摯愛，會讓其他所有的聖河都嫉妒到發狂。雖然她每年雨季都要氾濫一次，闖一場大大的禍端，可是所有的文獻中都不曾對她有什麼責難之辭。相反的，人們還為她寫下無數的讚歌，大大讚歎她的聖水滋潤與慈悲溫婉。所有的人只要有機會，就要走入她的懷中沐浴，並誠敬地舉行祭祀，向她奉獻。

不過，她並非一開始就得到人們的寵愛。在梨俱吠陀時期，讚歌中出現有七位天堂甘露之母，分別掌管著七條聖河——冥界的沙羅史瓦蒂河（Sarasvati）、印度河和旁遮普的五河，那是由於當時亞利安人的活動範圍還停留在印度西北一帶，因此恆河並未出現在聖河名單中。等到亞利安人日漸向東南遷移，進入恆河流域後，看到這麼一條豐沛大水四季都奔騰著滔滔浪花，不禁心蕩神馳，懾服在那無盡的生命力中。從那以後，恆河女神的聖潔地位就再也無法動搖了！

印度的人們從懂事開始，就不斷聽著各種各樣的恆河救贖事蹟，其中最膾炙人口的，就是記載於《摩訶婆羅多》、《羅摩衍那》和許多往世書讚歌裡的，關於恆河從天上流降到人間的故事：

很久很久以前，有一個名叫巴吉羅塔（Bhagiratha）的國王，他有六萬個祖先因為受到一位凶殘苦行者憤怒的瞪視，全部都被燒成了灰燼。他們的靈魂落入地獄，受著無盡的苦難。想要拯救他們，只有一個辦法：必須以恆河的水作為葬禮的聖水，才能洗淨他們的靈魂，使他們得以昇華，回到寧悅的天堂。

可是，那時的恆河是如銀河般劃過天際的天堂河流，人間如何能得到她的聖水呢？

於是，巴吉羅塔開始勤奮地修練苦行——只喝清水與吃水果、樹根，如此度過了整整一千年的時光，才讓大神梵天（Brahma）向他顯現賜恩，而他向梵天請求的恩賜，就是讓恆河從天堂下凡，流降到人間。

梵天把巴吉羅塔的請求告訴了恆河女神，徵詢她的意思，這位柳腰輕擺、柔美典雅的善良女神回答道：「我願意流下人間，可是在我下降的時候，必須得有人將我接著，否則我那豐沛湍急水流的巨大衝力，將會把人間擊打得粉碎。」巴吉羅塔聞言，知道三界中只有濕婆有這等能耐，能夠接住恆河衝擊的水流，於是便說服濕婆幫這個忙。

就這樣，恆河先從天堂流降到喜馬拉雅山巔，濕婆在那兒接住了她，讓她鑽進他糾結纏繞的苦行者髮髻之中。她在他的髮間曲折蜿蜒地流動，紓解了下降的衝力，然後在哈里德瓦這個地方落到了印度的平原上。她從那兒開始跟在巴吉羅塔的腳跟後面，在阿勒哈巴（Allahabad，古名普雷耶迦Prayaga）與亞穆那河（Yamuna）及冥界的沙羅史瓦蒂河會合之後，便一路走到恆迦沙迦羅（Ganga Sagara），途中所經過的地方因為受到她的聖水衝激，都成為了清淨的聖地。

人們一天的生活，從恆河邊展開。

她在恆迦沙迦羅進入孟加拉灣匯流入海，向下流到冥界。當她的水流經過巴吉羅塔那些祖先的骨灰時，他們便受到了祝福，成為潔淨的靈魂，昇華進入了天堂。就這樣，恆河流過了天、人、冥三界，因此又被稱為「三界之水」！

這麼一來，再沒有什麼能比得上恆河的聖潔了！

人們深深相信：「連被燒成灰燼的靈魂都能透過恆河的純淨滋潤而解脫生天，世界上還有什麼是她不能潔淨的呢？」

這許許多多自古流傳的神話，在人們的生命中深深地紮了根，使他們對恆河母親生起無限的懷想，並且烙下一個不可磨滅的願望：這一生中至少要在恆河中沐浴一次，讓聖河洗淨生生世世所有的罪業。一個有錢人是很容易達成這個願望的，譬如火車上的達士先生，他們幾乎已經走遍了恆河流經的所有聖地。可是窮人們卻得努力工作一輩子，才能攢下朝聖的旅費，在不可能走遍恆河所有聖地的情況下，他們大多會選擇朝訪具有絕對生天保證的地方，那就是瓦拉那西！

瓦拉那西身為宗教聖地的身分，早在佛陀出世以前就已經確立了。

當時這裡被稱為「迦尸」，意思是「光明之城」，原因之一是因為這裡聚集著無數的宗教導師，教導修行的智慧，而所謂的光明，就是指這智慧之光。後來濕婆嶄露頭角，占領了這座聖城，並且承諾將永遠不離棄地保護她，於是迦尸又有了另一個稱號——不離地，使得這座城市更加地神聖。最後，再加上恆河母親溫柔地流過，瓦拉那西因此成為有著三重聖性的城市——同時擁有恆河、濕婆和修行智慧的光明。

恆河、濕婆和迦尸
這三者同時照看著何處
那兒無疑將尋著恩典
引導人們通往無上的極樂境界

——《塞犍陀往世書‧迦尸篇》

究竟是因為恆河的流過吸引了修行聖者和濕婆，還是因為修行者的聚集而使得恆河和濕婆的意義非凡，現在已經無法探究了。總而言之，這座奇幻的城市是印度人們心靈的燈塔，他們渴切地希望能死於這座聖城中，並在天堂之河邊火化，搭上解脫的生天馬車，直接奔向極樂天堂。如果沒有辦法死在這裡，那麼在恆河沿岸的任何地方火化，就成為退而求其次的選擇；如果這件事也有困難，死者的家屬就會將他的骨灰帶到瓦拉那西，永遠地沉浸在恆河的聖水中；如果骨灰已消散不可得，那麼至少要有一位家屬來到恆河邊沐浴並奉獻五穀米球，舉行祭祖的儀式。只要做了上述任何一件事，你和祖先就都有了天堂的永久居留權，再也不必擔心生死輪迴了。

除了對死者的救贖，恆河還能淨化生者的靈魂，這就是為什麼瓦拉那西的恆河邊會有那麼多河階，而每一座河階上又都擠滿了人的原因。人們相信只要一滴恆河水，就能洗淨最深重

河階上的廣場搬演著人們的休閒與戀愛。

的罪業，使那人的靈魂潔淨如新，當場成為天堂的標準公民。我們的朋友維卡希甚至這麼說：「當我們走在河邊時，可能會有一陣風吹過，把一滴恆河水吹到我們身上，於是，在不知不覺中，我們已經受到恆河的洗罪救贖了！」

對我們而言，這種信心簡直是完全無法理解！

當然，恆河還在天上的時候，想必是很潔淨的，可是她走了大老遠的路來到人間，不但要幫人們洗除心靈上的罪業，還得毫無怨尤地接受人們丟入水中的骨灰、屍體、神像、垃圾以及經過大水管排放出的民生廢水……，她的包容性的確是讓人大大佩服，可是要說聖潔，我們的腦袋上立刻就打上了一個大大的問號。

在我們眼前的恆河，以科學的觀點來看，絕對不能稱之為潔淨。先別說那黃濁的水流，光是在遊船過程中，我們就不只一次看到腐爛了一半的巨大牛屍在水中載浮載沉，散放出令人作嘔的駭人氣味，連終日在河面上蕩舟的賈迦那和老船伕都要皺眉掩鼻，速速通過。可是，一旦脫離腐屍區，賈迦那照樣用河水洗臉，老船伕依舊掬起河水啜飲，彷彿剛剛經歷的腐臭只是一場幻覺。

「恆河會潔淨那些屍體。」維卡希說。

對他們而言，恆河就像是抗菌漂白加柔軟的強效洗潔精，不但能把靈魂洗得像嬰兒一樣純淨，而且她自己也絕對是清清白白、沒有一絲染污的。

恆河是否真能洗罪救贖，是否真的絕對清淨，終歸是個人的信仰層次。可是，看著在晨光中綻放金色容顏的粼粼恆河，有一件事我們是確定的：每天早上和恆河日出的約會，確實帶給我們善

床頭的窗外，就是悠遠恆河⋯

老船伕與活潑的孫子們。

老船伕一家人，雖然貧窮卻也有歡樂。

與美的無上力量，那力量足以洗淨旅途上的思鄉疲憊，讓我們能夠以愉悅的心靈面對變幻不定的世界。在這件事情上，恆河的洗淨力是毫無疑問的！

2

我們走出旅館，老船伕一家已經起來幹了好一陣子的活了。

老太太正在小火爐上烤著乾麵餅，他的女兒慕妮（Muni）把一家子鋪在地上睡覺的棉布拿出來披在矮牆上曬著，地上坐著幾個小娃娃，睜大了眼看著我們。他們一家十口擠在這間小土房裡已經有四十年了，雖然不用房租，但是女兒得每天到房東家做免費的打掃工作抵數。老船伕名叫迦羅希（Gallash），屬於末羅種姓（Mallah），那是首陀羅的一支。他從十歲就開始划船，結婚後雖然生了五個兒子，但全都在很年輕的時候就去世了，所以現在已經六十歲的老船伕，還得每天早上四點半起床，五點半上工，帶著女婿和十歲的長孫一起搖船掙錢，勉強撐住一家的生計。

老船伕的話不多，每一次看到我們，總是酷酷地揮個手，吐出一個字：「Boat？」偶爾心情來了，就會用手勢跟我們聊天。他的手語簡單明瞭，譬如說，他會帶著得意的笑容，對著停在河邊的船伸出四隻手指，再比個三往外揮一揮，那就表示他擁有四艘船，三艘租給別人，一艘自己營生；如果我們稱讚他很會賺錢，他就會皺起眉頭來搖搖手，然後又伸出四隻手指對小屋揮一揮，再折下其中兩隻手指，那就是說：「不行哪！我有四個女兒，只嫁了兩個，還有兩個沒嫁哩！」

在印度，沒有人喜歡生女兒，因為女兒是不折不扣的賠錢貨。直到今天，印度的一些鄉下地方都還延續著二千餘年前的特異結婚習俗：在結婚典禮開始前，新郎倌會突然出現，表示自己要到瓦拉那西去修行，不想結婚了！此時女方家長就得開出各種誘人的條件來留住這個年輕人，例如多少隻牛、多少布匹……等，直到男方願意留下來為止。

這其中所有的情節都是虛構的，除了那些誘人的條件之外！雙方在這齣戲裡所做的討價還價，就是女方必須付出的嫁妝。雖然城市人已經省略了這些繁雜的演戲過程，不過卻沒有省掉那龐大的嫁妝。

瞧！你生了女兒，把她養到可以開始幫忙做些家事的時候，就得傾家蕩產地把她嫁出去，讓她為別人家做牛做馬，這擺明了是一樁虧錢蝕本的買賣！就算是身為醫科教授的達士先生，在談到五個女兒的婚禮時，笑容中都要露出些許苦澀，何況是身為首陀羅的老船伕？難怪他會說未來唯一的希望，就是順利地賺錢，好把女兒嫁出去。這卑微又遙不可及的希望使我們相當難受，因此每次老人家招呼我們遊船時，我們總是儘量不拒絕，好讓他能順利地開個市。

不過我們今天卻不準備再乘船了，我們想要來個從北到南的河階大縱走，好好地融入那些熱鬧多采的水邊生活。

瓦拉那西的恆河邊共有八十四座大小不等的河階，密密麻麻地排列在高聳的河岸丘地上。這種河階密佈的景觀在印度可說是獨一無二，就連印度人自己初次看到時，都免不了要驚奇讚歎一番。這奇景當然不是一天造成的，在十二世紀迦訶達婆羅王朝的銘文中，僅提到了五座河階，後來城中富商與虔誠信眾為了方便眾人下水沐浴，陸續發心建造新的河階，於是十七世紀時便增加為二十五座。到了一八二二年，英國學者詹姆士・普林賽卜所繪的貝拿勒斯地圖中，已經記錄了五十七座，

恆河平時的水位與河階風景。

雨季洪汛期的恆河水位高漲，淹沒了所有的河階。

西元一九〇九年時則已有了六十四座，河階就這樣愈建愈多，愈來愈密集，終於成為今天的壯觀景象。

沿著河階散步是一段非常愉悅的旅程！藍天上，鴿子與紙鳶共舞；碧水間，人群與花朵競豔。船伕舟中垂釣，牧人水間刷牛，人們悠閒地在神殿中午睡，真是好一片祥和的天堂景象。經過數天的走訪探察後，我們終於把一些重要的河階理出了個頭緒，現在可以從北到南好好地走它一遍了！

◆羅西河階（Raj Ghat）

如果不算聖城北界的瓦魯那匯流處，目前位在最北邊的，就是鐵橋下的羅西河階。它在一八八七年以前一直都是重要的渡船口，從這兒再往北走不遠，就可以看到西元前八世紀的考古遺蹟區。

◆泰利亞那拉河階（Telianala Ghat）

年代可追溯到十八世紀末，據說這附近聚居著搾油種姓（Teli），因而得名。不過，除了一排蹲在河邊「嗯嗯」的人以外，我們並沒有遇到什麼能證明這個種姓存在的事。

◆薩卡河階（Sakka Ghat）

這是一座洗衣匠聚集的河階，從大老遠就能聽到一陣韻律有致的啪啪聲響，接著就會看到一排赤裸著上身站在河中的男人，正對著面前的石板奮力

Digpatiya Ghat是一八三〇年孟加拉人建的，但看來目前已經被洗衣匠占領了。

擊打著衣物。他們先將衣服浸過肥皂水，在河中稍稍刷洗之後，就將衣服扭轉成長條狀，甩過背後，再用力往石板上打去。這一排工人袒露著發亮的褐膚，此起彼落地甩打著衣服，濺起的水珠在陽光下發出晶亮的光采，配上那韻律的節奏，幻化為一曲氣魄懾人的舞蹈，讓人深深著迷。

◆ 哥羅河階（Gola Ghat）

從十二世紀以來，這裡便是渡船口，並建有許多穀倉（Gola），自鐵橋開通後，這裡就失去重要性了。

從羅西河階到這裡的這段河岸，在一千年前是非常風光重要的地區，許多著名的神廟都建在這一區的河岸上或小巷之中。可是在回教徒入侵後，這些神廟就受到了破壞，只得往南遷移重建。從那時起，這裡就成為回教區，少了印度教徒的護持，這裡的河階顯得荒涼而殘舊。

◆ 三眼濕婆河階（Trilocana Ghat）

在河階上方的小徑中，藏著三眼濕婆的神廟。

這座神廟中供奉著城中最古老、最著名的靈迦之一，在十二世紀迦訶達婆羅王朝統治期間，這裡是重要的沐浴祭祀聖地。

三眼是濕婆的特徵之一，據說當一個年代結束時，濕婆就會張開祂的第三隻眼，放出足以毀滅一切的狂烈火焰，把宇宙燒盡，回到空無的狀態。傳說祂的妻子帕瓦蒂有一次和祂玩耍，故意把祂的雙眼矇起來，結果使得濕婆張開了第三隻眼，差點就毀了全世界。

現在的河邊是洗衣匠舞動肢體和水牛漫遊午睡的地盤，啪啪的打衣聲中，透著平靜的氛圍。

◆迦亞河階（Gai Ghat）

在十二世紀時，這裡就是瓦拉那西的南界，一直到十七世紀時，它還出現於經典文獻中。現在的河階上站著一尊巨大的石牛雕像（Gaya/Gai），因此而得名。

◆婆羅摩和杜爾迦河階（Brahma Ghat & Durga Ghat）

西元一七七二年，一位印度教上師向當地的漁伕買下這片土地，奉獻建造了這兩座河階。在杜爾迦河階上有一座粉紅色的小神殿，供奉著恆河女神，她左手執著一隻水罐，騎坐在牛上，路過的人們都要向她潑些水，摸摸她面前的靈迦，表示禮敬。

◆五恆河階（Panchganga Ghat）

這是一座古老的河階，自十一世紀起就不斷出現在讚歌中。根據傳說，這裡有五條重要的河流交會——洗罪河（Dhutapapa）與陽光河（Kirana）匯流為法河（Dharmanada），再與恆河、亞穆那河及沙羅史瓦蒂河會合。不過，除了一座座的階梯之外，你是看不到其他河流的，所以也不必記這麼多饒舌的名字了。河階下方密佈著一排一排無門的開放小殿，有的供著一座靈迦，有的放著一尊象頭迦尼夏，有的則空無一物，應該是以前的修行人練瑜伽和靜坐冥思的地方。

瓦拉那西有許多傳說都和這裡有關，比方說十五世紀初的偉大詩人喀畢爾（Kabir），他出身於一個非常低賤的織工種姓（Julahas），因此不符合修學吠陀與領取啟蒙咒語的資格，於是聰明的他便在黎明前來到這座河階，躺在他的上師每天都會經過的路徑上。當清晨時分，上師走下階梯沐浴之時，一個不小心就絆倒在他身上，嚇了一跳的老師驚叫著：「Ram！Ram！（哦！神啊！天啊！）」喀畢爾因此心滿意足地認定，自己已經從老師口中所呼喊出的神的名字得到了祝福和啟蒙。直到今天，人們來這裡沐浴時，仍會津津樂道這段有趣的傳說故事。

十六世紀末，著名的宗教詩人托西・達士也是住在這裡，並寫下了讚神詩歌《向羅摩祈願》（Vinaya Patrika）。

十七世紀初，這裡發生了一個浪漫而哀淒的故事。一位知名的詩人賈迦那（Jagannatha，可不是船伕賈迦那哦！）因為和一位回教女子陷入戀愛，因而被剝奪了婆羅門種姓身分。於是他來到瓦拉那西，向這裡的婆羅門請求重回階級團體之中，可是卻被拒絕了。因此，他便帶著愛人坐在這座河階的第五十二級階梯上，寫下了膾炙人口的五十二節恆河讚歌——《恆河微波》（Ganga Lahari），以此召喚恆河來淨化並證明自己。據說他每完成一節詩，恆河就上升一階，最後河水碰觸到這對戀人的雙足，將他們帶走了。

我走向妳，如同稚子走向母親；
如同孤兒，走向妳豐沛的愛；
我毫無庇護地走向妳，聖潔安息的賜予者；

我帶著墮落走向妳，萬物的昇華者；
我受著病苦摧殘走向妳，完美的救治者；
我懷著乾渴的心走向妳，甜美的甘露之海；
恆河母親啊！
以妳的方式為我賜福吧！

——賈迦那《恆河微波》

這座河階上方本來建有一座壯觀的毗濕奴廟賓杜・馬哈瓦（Bindu Madhava），可是在十七世紀的回教暴君奧倫傑伯（Aurangzeb）統治期間，這座神廟就被推倒了。回教徒在它的廢墟上建了一座清真寺，直到今天仍然傲視著河岸。

沐浴是印度教徒淨化生天的宗教儀式，但智慧的聖者明白，再潔淨的水流也洗不掉心靈上的污垢。

沐浴後，同種姓的人就聚在一起休息聊天。

河階上的傘蓋下，聚集著做法事的婆羅門、瑜伽行者和整理儀容的浴者。

五恆河階上的年輕人，身後高聳的竹竿上掛著小竹簍。每年十一月的醒覺日，人們會在這些竹簍子裡點上燭火，為亡者照亮回到祖先世界的路。

「你的靈魂向著遠方，緩緩走過去的時候，我們招喚你的靈魂回到這裡，居住下來、生活下去。」

——《黎俱吠陀》10卷58首

每年到了年底，河階上就會密密麻麻地聳立起一根一根細長高挑的竹枝，竹枝頂端吊著一只一只的小竹簍，這奇妙的景象從五恆河階開始，沿著河岸一直往南綿延到馬尼卡尼卡河階，那是為了慶祝十月到十一月間的醒覺日（Prabodhini）所做的準備。

從佛陀在世時，印度的遊化修行者就有一個共同的習俗：在雨季的四個月間停止行腳，聚居一處僻靜共修，而醒覺日就標示著雨季安居期的結束。不過在民間的概念裡，則認為雨季是毗濕奴的睡眠期，而醒覺日則是大神醒來的日子。不論如何，再過幾天，當醒覺日來臨時，這些小竹簍裡就會點起盞盞油燈，河階上還會豎立起巨大的圓錐形石燈，裡頭燃上數百支燈蕊，這些燈火不僅是敬神的表徵，同時也為亡者照亮從黑暗到光明的路途。在亮如白晝的點點火光中，五恆河階的神聖氛圍被推到了最高點。

◆羅摩河階（Rama Ghat）

這裡的恆河因淤沙而混濁不堪，一位清瘦的中年人拖著一隻船正獨自撿拾著垃圾。河階上躺著一座巨大的人像，戴著高冠瓔珞，留著兩撇小鬍子，看來像是累壞了的樣子。他是《摩訶婆羅多》中的主人翁之一，潘達閥兄弟裡的老二怖軍，在五兄弟中，他是最有勇無謀的威猛漢子，這座雕像是呈現他在每月一次的齋戒日中餓得七葷八素的模樣。不過，從他腳下的水漬和花朵看來，他還是受到人們的禮敬愛戴的。

◆恆迦瑪哈河階（Ganga Mahal Ghat）

岸上站著巨大的回教建築，圓筒狀的城堡兩旁，各有幾座小神殿，分別供奉著橘紅色的哈努曼、公牛南迪（Nandi）和靈迦等。

城堡斜前方站著一男一女兩座造型奇特的人像，沐浴的小孩說是恆河女神，不過她的面前並沒有潑水撒花，因此這個答案頗令人存疑。

◆桑迦塔河階（Sankatha Ghat）

因為河階上方的桑迦塔女神廟而得名，這裡很可能是古老的火葬區。河階上方有兩座重要的靈迦神廟——閻摩斯伐羅（Yamesvara）和哈里須錢德里斯伐羅（Harishchandresvara）。

◆辛廸亞河階（Scindhia Ghat）

藍白相間的美麗河階，上方的小徑中有一座著名的靈迦——英雄之主（Vireshvara），自古以來就以「賜生兒子」而受到特別的祭祀。據說曾有一位仙人在此苦修，並建立了這座靈迦，因而得到濕婆恩賜的一個兒子，這個兒子長大後，也到這兒苦行，最後濕婆向他顯現，賜予他火神阿耆尼的身分。

除此之外，在馬尼卡尼卡河階辦完火葬的家屬們也會到這兒來沐浴，因此這裡總是熱熱鬧鬧、人聲鼎沸。

◆馬尼卡尼卡河階（Manikarnika Ghat）

這是最神聖而古老的河階之一，在西元四世紀的笈多王朝銘文中，就已經出現過它的名字，許多朝聖行程都是由此出發，或是在此結束。

在人們的生活裡，它是瓦拉那西主要的火葬場，可是在神話傳說中，這裡的主角卻是火葬場北方的一口四方形水池——馬尼卡尼卡水池（Manikarnika Kund）。

所謂的Kund，就是四邊有階梯往下延伸入水的方型水池。我們眼前的馬尼卡尼卡水池四周圍著鐵欄杆，其中盛著墨黑的淤塞池水，池子內北面牆上有一個小小的神龕，神龕前刻著小小的毗濕奴腳印，許多人會爬過鐵欄杆到池子中沐浴，順便向這座小聖殿禮祭奉獻。距離池子不遠處，有一座圓形的大理石板，上頭也刻著毗濕奴的足印，標示著這位大神在創造宇宙前修練苦行的地方，受到無數信眾的潑水撒花，有些身分特殊的人在過世後，會選擇在這裡舉行火化。

馬尼卡尼卡和宇宙的創造與毀滅有著密切的關係，在《濕婆往世書》（Shiva Purana）中，傳說著這麼一個故事：

在宇宙尚未發生時，只有一片空無而純粹的真理——梵，後來「梵」以沒有形態的形態創造了濕婆，濕婆一分為二，又創造了毗濕奴和祂的配偶，並創造了美麗光耀的迦尸城，讓毗濕奴在那兒創造宇宙。毗濕奴坐在這座水池邊，開始修練苦行，他的身子因為苦行而開始發熱，流出大量的汗

亭子裡尊貴的毗濕奴腳印。

怖軍的塑像彷彿是小人國遊記裡的巨人格列佛，印度人充滿童稚的心靈，似乎將神放得好大，而將人看得渺小。

強忍哀淒的喪家坐在河邊等待親人的火化。

水，很快地淹沒了這空無的境界，此時他的耳環落入了水中，於是這座池子才叫作「珠寶耳環池」（Manikarnika）。

當大水氾濫到迦尸城的時候，濕婆就把這城市撈起來，頂在祂的三叉戟上，而毗濕奴就在大水之中，躺在大蛇身上睡著了。在一片空寂裡，大神的肚臍生出了一顆宇宙之蛋，蛋中的蓮花上坐著創造神梵天，宇宙便由此誕生了。等到宇宙末日時，濕婆就會再次用三叉戟把這座城市頂起來，然後釋放出毀滅之火，在此處將宇宙焚燒殆盡。

這個故事的版本很多，譬如《塞犍陀往世書》的〈迦尸篇〉中，就說池子是毗濕奴用祂的法盤挖出來的，而掉入水中的是濕婆的耳環。不論如何，這裡已經被人們認定是宇宙創始之處，是世界上第一座渡口聖地，也是宇宙毀滅的所在。她的洗罪力是如此強大，以致人們相信，每天正午時分，所有的聖地神祇和各個大神們都會來這裡沐浴，洗去從罪人們身上接下的罪業。

看著這小小的水池，我們忍不住要想像許多大神們洗三溫暖似的擠在這裡頭的場景，或許祂們彼此還要寒暄一下、發發牢騷什麼的。印度的人們不但很會造神，而且還為這些神祇設定了各種不同的性格，非常的人性化。

這座水池和南方緊臨著的火葬場，分別扮演著創造之水和毀滅之火的角色，使這座河階展現出無比的神聖氛圍，成為聖城中最重要的一個部分。

◆喀奇和迦羅沙伊河階（Khirki Ghat & Jalasayi Ghat）

這兩座河階都是火葬場的一部分，「喀奇」的意思是「窗」，因為從這裡人們可以觀看火葬的現場。在附近一棵菩提樹下，有五座沙提聖殿（Sati Shrine），訴說著古老的寡婦殉夫習俗：古時婦女的丈夫過世時，她就得跳入丈夫的葬火堆中殉夫，當她這麼做了以後，人們就會為她立一座小石碑，上頭刻了她和丈夫的像，紀念她的貞潔行為，稱為「沙提石」。如果一個女人沒有殉夫，人們就會瞧不起她，把她摒棄在社會體制之外，讓她孤獨潦倒地度過餘生。

這真是一個亂七八糟的習俗，偏偏還有許多印度女性因傳統觀念而自願殉夫。雖然英國殖民時期已經廢止了這種不人道的行為，但是直到二十世紀，都還有零星的寡婦自焚殉夫案件發生，讓人傷透腦筋。

至於「迦羅沙伊」，則是「將死屍浸入水中」的意思，這是火葬前的一個儀式，充分表現出這座河階的特殊屬性。

◆羅利塔河階（Lalita Ghat）

因為河階上方的羅利塔女神而得名，據說觀視這尊女神的功德利益和繞行整個世界一樣大。河階頂端還有一座一八四一年的尼泊爾神廟，建築樣式和木雕都採用了典型的尼泊爾風格。

◆米爾河階（Meer Ghat）

走進河階上方的小巷弄，可以找到一座名叫「法井」（Dharma Kupa）的古老聖井，周圍有五座小聖殿，由一棵很老的大樹遮蔭著。附近有一座濕婆廟，據說閻摩死王就是在那兒接掌了他對生死的操控權。

這裡還有一座新的黃金神廟（Visvanatha Temple），是極度保守的基本教義派婆羅門新建的，他們認為原有的神廟已經因為賤民的進入而遭受到了染污，因此不願再踏進一步，並且建了這座新廟，表示自己的崇聖正統。可是從老黃金神廟依舊絡繹不絕的人潮看來，他們這一招可說是半點也不靈光哩！

米爾河階上方小巷弄中，老樹遮蔭下的「法井」。

◆ 達沙蘇瓦美河階（Dashashwamedh Ghat）

這是瓦拉那西最著名的一座河階，它被市場分隔成南北兩段，中間還隔著普雷耶迦河階（Prayaga Ghat），兩邊的階梯上成天都晃蕩著外國旅人、外邦朝聖客、掮客、船伕、苦行巴巴、小販以及按摩師，共鳴出活力十足的聖城風采。

在《塞犍陀往世書》的〈迦尸篇〉中，提到濕婆為了從不信神的國王提婆達沙手中奪回迦尸，於是派梵天前來慫恿國王舉行超級繁複的十馬祭，希望能在祭祀中抓到這位國王的小辮子，好把他趕出城。可是提婆達沙卻完美無缺地完成了祭典，使梵天的計謀落了空。人們相信這裡就是當時舉行十馬祭的地點，這座河階也是因此而得名。

不過，也有些歷史學家認為，舉行十馬祭的是西元二世紀時的一位印度教國王。不論如何，現代婆羅門的說法是，只要在這裡沐浴，輕輕鬆鬆就可以得到舉行十馬祭的無上功德，看來還是現代人最占便宜！

◆西塔拉河階（Shitala Ghat）

新婚夫婦和親近家人會到這兒來沐浴，然後再到西塔拉神廟（即天花女神廟）禮拜祈福。

◆丘奇河階（Chauki Ghat）

此河階頂端一棵巨大的菩提樹下，站著一排刻著蛇像的龍王石（Naga），人們認為有可能是佛教的遺蹟。

◆哈里須錢德勒河階（Harishchandra Ghat）

這是城中另一座火葬場，政府於一九八六至一九八七年間在這裡建了一座電力火化場，希望倡導較為環保的電力火葬，可是似乎沒人理他，因為人們還是喜歡用木頭，所以電力火化場旁依舊進行著傳統的火葬。只有買不起木柴的窮人，才會勉為其難地接受電力。

◆濕婆羅河階（Shivala Ghat）

這座河階並沒有什麼特別，只有一間小小的黑天神殿站在平臺上，可是我們卻在這裡遇上了一個特別的畫面。

我們走過時，一群水牛剛洗完澡，正舒舒服服地上岸準備回家。牛群後頭跟著五、六個小女孩兒，頭上都頂著圓鐵盤，我們正納悶她們在做什麼，就聽見其中一個女孩一聲呼喊，接著所有的孩子們就朝一隻水牛蜂擁而上，把鐵盤對準牛兒的尾部，只見牛兒悠哉游哉地掀起尾巴，嘩啦嘩啦地把牠的「產品」精準地解放到一隻鐵盤中。得到「賞賜」的孩子高興得不得了，來不及接取的孩子就只得放亮罩子，機靈地看看還有哪隻牛兒有解放的前兆。

哈里須錢德勒河階上，聳立著電力火葬場高高的煙囪。

一個年紀最幼的女孩總是搶不到位置，當別人都已豐收滿載的時候，她的盤子卻還亮晶晶的空無一物。眼看著她就要哭出來了，突然又有一隻牛兒要「嗯嗯」，她的姊姊一面叫她，一面衝上去……啊！那小女生還是來不及，牛兒已經開始解放了，只見那小姊姊毅然地伸出手去把那牛糞接住，再放進好不容易趕過來的妹妹的盤中，就這麼裝滿了妹妹的盤子。

唉！這場面真讓人五味雜陳！那些令我們掩鼻退避唯恐不及的牛糞，對她們而言卻是漏掉一滴都可惜的寶貴資源，而這些搶接牛糞的女孩是那麼年幼，那是原本該在小學校裡認字的年齡啊！每次看到這種情形，就忍不住要生起一陣無力感，究竟要到何時，印度的貧窮才會消失呢？

◆ 大涅槃河階（Mahanirvani Ghat）

據說，佛陀曾在此沐浴過。《佛典律藏》曾提及「波羅奈城中有佛遊行池水」，而《佛本行集經》也曾提到，佛陀越渡恆河後來到波羅奈城內，在一龍池邊停駐一會兒，才前往鹿野苑渡化五比丘，不知是否就是指這裡？現在，每逢大壺節（Kumbha Mela，又譯為「空巴節」）期間，就會有那迦苦行僧（Naga Baba）住在這裡。同樣是「那迦」（那迦就是龍），二千多年前是清明的覺者佛陀，現在卻是結髮的苦行外道，時事流變，也是無常的一種展現啦！

◆尼薩達王河階（Nishadaraja Ghat）

尼薩達是《羅摩衍那》中的英雄漁伕，而這裡正是一萬多名船伕的家，因此四處都可以看到他們的漁網和小船。

◆托西河階（Tulsi Ghat）

這座河階的頂端有一棟房屋可以俯瞰恆河美景，那是十六世紀的宗教詩人托西．達士晚年的居所，其中有一間聖殿還安奉著這位偉大詩人的一雙木屐。

「大涅槃河階」據說是佛陀曾經沐浴的地方，不過，現在這裡除了荒涼與寂寞，似乎再也找不到什麼了。

頭頂牛糞的小女孩。

◆阿西河階（Asi Ghat）

這是瓦拉那西最南方的河階，淤沙非常嚴重，許多工人正忙著清除那些沙土，不過，這並不影響它的沐浴人潮，因為它是「五津朝聖」的起點。這條朝聖行程必須按照順序分別到阿西河階、達沙蘇瓦美河階、瓦魯那桑崗姆、五恆河階以及馬尼卡尼卡河階沐浴，當然，如果可以的話，最好是以帶點苦行味道的步行方式來進行。每到一個地點，帶領朝聖的婆羅門就會誦唸祈願文，做個小小的儀式。

朝聖結束後，還得到城中去禮祭一尊「見證迦尼夏」（Sakshi Vinayaka），讓他把這次朝聖記下來，免得以後大神們不認帳。一旦完成了朝聖，也就有了生天的保證，因此來瓦拉那西的人們多半都會走這麼一趟。

這天，我們在河階上方的小巷弄中，十分驚喜地邂逅了一座非常古老而神祕的池子——樓羅迦古井（Lolarka Kund）。

樓羅迦古井是太陽神崇拜的遺蹟，也可能是瓦拉那西最有年代的一座古蹟。每年八、九月間，會有上萬人擠進池子，大多是夫婦兩人，他們將衣角綁在一塊兒後入水沐浴，並在水池中奉獻一個南瓜，藉此祈求一個兒子。

那是一座很深很深的水池，三面都有長長的階梯往下延伸，我們到的時候，四下雖然冷冷清清的，卻也顯得寧靜安詳。趴在井邊往下看，深不見底的墨黑井水，讓我們覺得心靈都彷彿要被吸進去了一般。

以這座安靜神祕的水池作為河階漫遊的終點是很適合的，我們坐在井邊，不必下水，就得到了沉靜安詳的心。

看著平滑無波的水面，忍不住要懷疑，這古老迷濛的瓦拉那西，究竟還藏著多少祕密呢？

樓羅迦古井。

「我在草木中放胚胎，
我讓一切生物、大地產生後代，
我令婦女們生出孩子於未來。」
——《黎俱吠陀》10卷183首

3

是否將苦行修練，露宿聖河邊？
還是陪伴嬌妻，她才貌雙全？
品酌詩歌美味，還是牛飲瀑布般的經典？
我們不知該怎麼辦，人壽只在轉瞬間。

——伐致訶利《離欲百詠》

我們的河階漫遊原本是為了尋訪在丹地河階（Dandi Ghat）聚集的苦行僧，雖然結果是無功而返，但卻在那羅德河階（Narad Ghat）上遇到一位自稱是羅什曼那巴巴（Lakshmana Baba）的瑜伽修行者。

這位巴巴是多麼有型啊！站在河邊這些古老的建築旁是多麼相稱啊！他的額前畫著一抹紅彩，裸露的胸前垂著長而糾結的灰白鬚髮，全身只包著一條圍腰布，由於剛剛做完沐浴儀式上岸，全身都滴著水。我們想著應該為他拍一些照片，可是又有些怯縮，因為河邊通常會有「伸手巴巴」閒蕩著，他們會招手叫你拍照，等你按下快門後，就伸出手來索取模特兒酬勞。我們並非付不起那些錢，只是不想助長「假宗教之名、行乞討之實」的歪風。

誰知我們還在交頭接耳地猶豫時，巴巴就走了過來，親切地招手表示可以拍照，而且還擺了一個很「專業的」的架勢。等我們按下快門後，他便很酷地說：「來！看照片。」我們並不懂他的意思，也不想跟著他亂走，可是又不知如何拒絕，只得硬著頭皮跟他爬上一條窄小的梯子，來到一座平臺上。平臺牆邊站著一間扁扁的高腳小木屋子，巴巴把木屋的門往上拉開，很得意地說：「這就是我的家！」

其實那根本不算是個屋子，勉強只能說是只櫃子，裡頭大都放著巴巴的法器——三叉戟、神像和水罐等，加上一些生活用具，剩下的空間大概只夠一個人盤腿靜坐吧！巴巴一面在櫃子中翻著什麼，一面和我們閒聊：「很多旅遊書上都有我的照片，日本和西班牙還找我拍過電影哩！你們看，在這裡！」

巴巴好不容易翻出來的東西是一本小相簿，裡頭有他和各國旅人的合照以及拍電影時的留影，在其中一張照片裡，巴巴只穿了丁字褲，正在甩著一個大石槌。

「這就是我練的瑜伽，我的工具就在那兒。」巴巴指著木櫃旁的角落，果然見到一塊插著木棍的大石塊，巴巴說那石塊有好幾十公斤，他每天都要舉起它修練身心。巴巴最不喜歡看人家利用表演式的瑜伽來賺取金錢，因為練瑜伽是修行，不是用來好看的。

我們很好奇巴巴不賺錢怎麼維持生活，巴巴卻從不擔心這個問題：「反正我的生活也很簡單，不吃蛋也不碰牛奶，有時人們會送我一些蔬菜和米，不過通常都是吃些乾麵餅過日子。」

那麼巴巴的修行生活每天都做些什麼呢？

巴巴說：「我每天早上三點起床，先到恆河裡去沐浴，然後練六個小時的瑜伽，九點再沐浴一次，然後準備午餐，下午三點和八點都還要再沐浴。有的巴巴一天只沐浴一次或兩次，可是我一定會沐浴四次，這就是修行的基本。」

「可是，」我們鼓起勇氣問說：「恆河看起來一點都不潔淨啊！在裡頭沐浴真的好嗎？」

巴巴哈哈大笑說：「你們不能用眼睛看，要用心去看才行啊！看看我，我從十歲開始受訓，到今天已經有五十二年的瑜伽經驗，可是你們看得出我有六十二歲了嗎？我還要告訴你們，我的身體非常健康，從來沒有看過醫生，這就是每天在恆河中沐浴、每天喝恆河聖水的結果啊！」我們很想提醒他那會不會是每天運動的關係，卻又覺得討論這些未免管太多了，畢竟每個人都有選擇自己生活的權利嘛！

我們和巴巴聊了很久，無非就是希望能知道他還做些什麼特殊的修行，可是他總是說著沐浴，最後我們終於死心了，「巴巴」終究不是「沙杜」（Sadhu，指苦行者），他們雖然過著簡樸的生活，也捨離了家庭的牽絆，可是和極端的苦行僧比起來，他們所做的簡直就是小巫見大巫。

印度的苦行僧肯定是最值得好好研究的一個群體，他們會用各種不可理喻的方法折磨自己的身體，希望能夠藉此達到心靈的純粹，獲得無上的智慧解脫。這樣的修行方式起源自非常古老的年代，早在西元前七世紀以前，印度民間就已相當流行這種極端的苦修，早期的唱讚《奧義書》（Chandogya Up）中，也顯示人們相信林野間的苦行比祭祀的層次更高，是通往「梵我合一」的最佳方式。

> 苦行與認識大梵是婆羅門達到最後解脫的最好方法，
> 苦行可以消除罪業，因而認識大梵獲得永生。
>
> ——《摩奴法典》12—104

在那個婆羅門至上的年代中，唯一能夠與祭祀分庭抗禮的，就是苦行（Tapas），Tapas這個字的本意為「熱」，這是根源於《梨俱吠陀》中「世界的動力來自於熱」的思想。苦行者相信人體遭受痛苦時，會因生理的反應而產生熱力，進而激發出強大的內在力量，足以淨化生命。因此，他們捨棄繁瑣的祭儀與婆羅門創造的咒語文化，另闢一條修行道路，期望藉著自我折磨肉體、克制感官欲樂、控制進食，甚至斷絕食物等行為，能獲得自我淨化的力量。在極端苦行的過程中，有時會產生某些特異的超常經驗，人們就因此認定，這個人已經修行到極高的境界，所以得到了「神通」的能力。

苦行者的修行道場不在祭壇上，而是在曠野森林中，並且因為常常群聚苦修而形成遊行的團體。苦行的方式千奇百怪，多得不勝枚舉，佛經中記載有躺臥荊棘、裸行臥牛糞、長期凝視太陽、單手常舉、單腳終生不落地等。自古以來，無論是婆羅門或外教異師都普遍接受苦修的思想，而且他們的意志與毅力也受到廣大人民的崇敬讚歎，因此對嚴密的種姓社會來說，苦行者無異是走出了一條跨越種姓藩籬的道路，讓那些在傳統婆羅門信仰中只能坐冷板凳的低下種姓，可以透過苦行來得到崇高的社會地位。

當時，最具代表性的非婆羅門苦行教派，就是直到今天還存在於印度的耆那教！耆那教的創教者

西元七世紀時的苦行者浮雕。

是尼乾陀若提子（Nigantha Nata Putta），他出身於剎帝利種姓，年齡比佛陀稍長，「成道」後被尊稱為「大雄」（Maha Vira），也常被稱作「耆那」（Jina，勝者）。他明確地反對婆羅門的梵我業果思想，認為只要依著耆那教的修行方式，擺脫物質的束縛，就可以達到解脫。而所謂耆那教的修行方式，就是嚴厲地守持戒律。

耆那教行者在食衣住行上的戒律要求相當繁瑣，其中最重要的，就是——絕對不殺生！因此喝水時要先以布過濾掉微生物，落髮時不以剃刀而以手拔除頭髮，以免傷害到髮間的微小生命，吃飯時要仔細檢查手中的飯糰，確定沒有小蟲躲在裡面才可放入口中，行走時要帶把掃帚隨時掃除路上的昆蟲，臉上還要帶著口罩以防呼吸時不小心吸進了細微的生物……

除此之外，為了展現對一切無所執著的修行，耆那教更倡導裸體生活——也就是全身不著一絲衣物，因此佛經中稱他們為「裸行外道」。

這種苦修的生活方式，幾乎已經達到了苦行的極致，因此信眾非常多，成為當時相當興盛的一個教派。

對於這種情況，傳統的婆羅門的心中當然很不是滋味囉！史詩《羅摩衍那》中就有這麼一段小插曲：

> 偉大的羅摩王發現一個首陀羅階級的農奴，正在修練苦行以期生天，結果羅摩竟然以低等種姓不應行高等種姓之修行法為理由，持刀砍下了他的頭。對於羅摩的這個舉動，人民與諸神居然是大大地讚歎，因為不安於種姓職責的人受到了制裁，「法」因而受到了維護。

羅摩在這個故事中扮演了以暴力捍衛種姓的角色，完全不像是位勤政愛民的偉大君王。不過，一般相信這是後期添加的故事，由此可以看出當時的婆羅門為了防堵苦行思想動搖種姓根本，下了多大的功夫。

▍以陰吊為修行方式的巴巴，正將一塊大石頭綁在自己的重要部位上，準備練功。

佛陀在離家後，也曾經修過嚴苛的苦行，但是他最後卻清楚地明白，極度折磨身體對身心苦惱的解脫並無幫助，因此毅然捨棄了苦行！

然而，不可否認的是，當佛陀正覺後，開始在恆河平原上為廣大民眾說法時，過往的苦行經驗也讓他所宣說的正法更具有說服力，因而不僅能夠打動平民百姓，也足以懾服婆羅門與苦行者，佛教因此能夠成為當時最具影響力的宗教之一。

人若不能斷滅疑惑，
即使裸行、結髮、灰泥塗身、絕食、露地睡、身著塵垢、精進蹲踞，
終將不能證得清淨。

——巴利文《法句經》141經

近代帶領印度獨立成功的聖雄甘地，本身展現的就是一位苦行者的形象：拄著枴杖，裹著輕便的布衣，微微佝僂的身影，倡言非暴力、節欲、自我受難……這些無一不是來自於苦行的思想。因此，甘地以一個吠舍層次的巴尼亞階級身分，竟然可以領導好幾億還未有國家觀念的印度子民邁向獨立，其中，對苦行者崇拜的文化背景應該是十分重要的關鍵。

令人不可思議的是，苦行並沒有因為時代的變遷而消失在現代社會之中，人們對於苦行者的崇敬也並未隨著科技的進步而有所減損。每到一些重要的節慶，好比說大壺節，這些露形無服、塗灰結髮的沙杜們就會成群出現，在祭典中展現他們的苦修——絕食、舉手、倒立、陰吊、活埋……贏

得人們的崇仰佈施。等到祭典結束，他們便再度回到深山密林間，讓人們懷著神祕的幻想，繼續繁殖對苦行者的無限讚歎。

只是，在凡事要求「速食」的現代，真正的苦行僧必定也愈來愈少了吧！尤其在瓦拉那西——如果光是踏入了聖城就已經獲得生天的資格、假使只要在恆河中沐浴就能洗去所有的罪業、要是在這裡死亡的那一刻，濕婆就會把解脫的智慧完全傳授給你……那麼，還有誰會自找麻煩地去折磨自己呢？

於是我們告別了羅什曼那巴巴，心中因為沒能尋著真正的苦行僧而有些失望。

午後的河階上，沐浴的人潮還是那麼多，一個家庭在朝聖祭師的引領下來到河邊，高高興興地抱著一個二、三歲的小娃兒走入恆河，赤條條的孩兒像隻小猴子似的緊緊巴在父親胸前，死都不肯放手，在一片歡笑中，父親很有技巧地慢慢蹲低身子，然後一下子將那隻小猴兒浸入水中。突如期來的剎那沒頂，讓孩子驚呆沉默了一秒鐘，接著就是一陣驚天動地的嚎啕大哭，雜染在大人們的哈哈大笑中。

那父親一面搖著孩子，一面慈愛地哄著：「Ganga！Ganga！」意思就是：「沒什麼好怕的，這是神聖的恆迦母親啊！」

孩子驚魂甫定後，很快就愛上了這液體的母親，興高采烈地和父親打起了水仗。看來聖河的水已經流進了他的幼小心靈，信仰文化也就這麼鑽進了印度子民的血液，當他成年以後，同樣的儀式也將重複在他的子女身上，對恆河的摯愛就會這麼代代相傳，沒有止境。

我們於是了解，城市或許會崩毀，苦行或許會消失，但是恆河的聖潔與魅力，將永遠流動在人們的心中，直到恆河回到天堂的那一天……

……恆河是獨特的，她是印度之河，受到印度子民的熱愛。她糾結的民族記憶，她的希望與恐懼，她的凱歌與勝利，在人心之間盤旋纏繞。她已經成為印度悠久文化與文明的表徵，她雖然不斷變化、不斷奔流，但又是永恆如一的恆河！

——一九五四年，印度總理尼赫魯對恆河的禮讚

Chapter 9
天堂之門

世人尊敬的迦波問佛陀：「請你為受衰老與死亡折磨的人，指出在恐懼的急湍洪流中可以靠岸的堅固島嶼，讓我們不再受苦。」

尊聖的佛陀說：「無有占有，無有執取！唯此島嶼可堅固屹立在生死的洪流中，他處無法尋求；我稱它為涅槃，滅寂衰老和死亡。

懂得這個道理，將成為智慧之人，在這世上心安寧靜，而不落入魔羅（邪惡與死亡）之手。」

——巴利文《經集・彼岸道品》

小巷中的織工們。

1

一條看來相當年輕的黃牛，安靜地站在小巷中甩著尾巴，陽光穿過高聳的古樓灑在牠的身上，使牠全身展現出金黃色的光彩。一個裹著傳統沙麗、手中挽著一只小竹籃的婦女，柔雅搖曳地走過牠身旁，使我們在瞬間感到一陣頭昏眼花，彷彿落入了三千年前的古老世界。

「你知道嗎？每一頭牛的身體裡，都住著六千六百萬個神。」維卡希認真的聲音響起，把我們拉回二十一世紀。

「所以牛才很神聖嗎？」

「是的。」

然後是一陣靜默，風兒吹動牆角的碎紙屑，一片紛飛……

W蹲在地上，把那隻牛框在鏡頭裡，等著牠轉過頭來，好拍下牠的亮黑大眼。

在這寧靜的氛圍之中，我們誰也不敢吭聲，彷彿只要弄出一點聲音，那隻牛兒就要消失了似的。或許這並非不可能的事，因為維卡希說過了，牠的身體裡住著六千六百萬個神。

我們正走在通往馬尼卡尼卡河階的小徑裡，維卡希很好心地陪我們來訪問看管火葬場的人們，一方面作翻譯，一方面杜絕那些煩人的掮客。

「你知道嗎？瓦拉那西最著名的，除了恆河，就是沿著河岸蔓延的這一片糾結複雜的小巷弄了！」維卡希說。這倒是半點也不假，這些日子以來，我們每天在這片古老城區中穿梭探險，初時還害怕迷路，不敢太過深入，可是當我們發現「條條小徑通恆河」後，就再也沒什麼顧忌了。

我們開始放膽在這座由窄小巷弄糾結纏繞而成的稠密迷宮中隨意漫遊，看著一幕接著一幕的生活百態，流轉著世俗人間的喜怒哀樂與生老病死。每轉過一個街角，就要遇上一個突然蹦出來的奇妙景象：

一個老人獨自站在轉角，用炭火融融的熨斗熨燙著一條紅色的沙麗。「一件可賺四盧比，」老人說：「不過牛仔褲就要貴一些，燙一件八盧比。」；

四個戴著回教小白帽的年輕人，在老闆的督導下編織著華美的沙麗，長長的編織臺占據了整條小徑。工人們一天的工資是一百盧比，完成一件沙麗差不多就要一整天。老闆的孩兒在一旁邊吃著抓餅邊學習，讓織工種姓的血統扎根進自己的血液裡；

一座熱鬧的市場，賣著各式各樣的蔬果器具，婦女們提著竹籃討價還價，一個麵粉店的老闆正抓起一把麥粉，餵著路過的聖牛；

在印度，能上學的孩子是多麼幸福啊！

一排穿著黃衣紅幔的苦行者，拄著代表濕婆的三叉戟，走過小小的國際網路店，準備到河邊沐浴；

四、五個天真的孩童，頭髮蓬亂、衣著鬆垮，正奮力打著幫浦汲水，看到相機，紛紛丟下水桶，抓著W叫著：「Picture！Picture！」快樂得不得了。

巷子的另一邊，又有三個背著書包的學童，梳著整齊光亮的髮式，剛放學回來的她們一看到相機，也同樣的興奮到不行，抱著路旁的牛兒，童稚地不停叫著：「Photo！Photo！」貧苦的孩子與富裕的幼童，有著同樣美麗的笑容……

這些小徑裡頭藏著瓦拉那西所有的祕密，你不知道什麼時候會碰上一座歷史悠遠的小神殿、或是一棵枝葉繁茂的老樹遮蔭著一口古老的水井、或是一支蘊藏著豐富神話的殘破靈迦、或是一群用遺蹟殘骸蓋成的民宅小屋。忙碌的市井小民正和他們的祖先一樣，將自己的生活足跡留在這片古老城區中，使得這座迷宮裡頭飄蕩著遠古時候的氣息，卻又鼓動著活潑的現代生命力。

來到瓦拉那西，如果沒有好好地看看這些小巷弄，可就算是白來了！

走到馬尼卡尼卡河階附近，人潮突然多了起來，那是因為這條小徑同時也有叉路通往黃金神廟，在笛瓦利節的第二天，所有的人都會擠到黃金神廟和附近的豐足女神廟參加「食山祭」。人人手中都帶著甜品和穀物，準備在神廟中堆起一座名符其實的食物山來慶祝豐收。

在摩肩擦踵的人潮中，遠遠地傳來一陣明快有勁的呼喝聲：「Rama！Rama！Satya Hai！」「Rama！Rama！Satya Hai！」這熟悉的呼喝聲愈來愈近，人們自動讓出了一條通路，只見四個男人扛著一個竹擔架，帶頭的人中氣十足地喊出一句讚辭，後面的人就跟著喊一句：

「羅摩！羅摩！神的名是真實！」

擔架上躺著已經沒有生命的身軀，五顏六色地包裹著一層又一層的彩幡，竹架上掛著層層疊疊的金黃花環，像是迎神繞境似的一路熱熱鬧鬧地走來。巷子實在太窄了呀！我努力貼在牆上，那包裹屍體的金黃色流蘇還是輕輕地拂過了我的身體。

利用雨季的恆河泥沙雕塑出的躺臥泥人，在當地人的眼中就是一座神像了。

他們的目的地是馬尼卡尼卡河階正南邊的火葬場。

那兒和往常一樣，十幾座燐燐火堆燃燒著，火堆旁散坐著剃了光頭的白衣男子，有的正拿著引燃的草枝在亡者身邊環繞，有的正抓著一把一把的檀香粉和香乳油膏往火中潑撒。一旁熾熱的火舌正將一具不知名的女性吞噬其中，河邊還排著三、四具包裹了紅黃布帛，飄垂著金蔥流蘇的遺體，等待著屬於自己的火光。兩個小女孩兒各拿著一枝長草桿，伸進葬火中點燃了草頭，玩起鬥劍遊戲來。幾隻牛兒徜徉在葬火間，有的吃著遺體上散落的花朵，有的瞇著眼舒服地打著盹，悠閒得像在古印度草原上似的……

能夠在馬尼卡尼卡火化，是多麼的幸福啊！多少人不辭勞苦移民到這裡，終其一生不再踏出聖城一步；又有多少人在重病垂危或年老將逝時來到這裡，住進恆河邊的「垂死收容所」，他們都只有一個渴望，就是能在這座有著恆河流過、受著濕婆保護的光明之城裡，嚥下最後一口氣。

這樣的收容所並不進行任何的醫療行為，駐錫在此的是婆羅門而非醫生，他們每隔幾小時就會發給院民們一些恆河水和神聖的畢爾瓦樹葉，那是這些人們現在唯一需要補充的營養了。他們來到這裡是為了「死」，而不是為了「活」！因此空氣中二十四小時都飄揚著稱頌神名的讚歌，讓這些人們不論何時死去，心中都能憶念著神的名字，使他們的天堂之旅更為順暢。

如果說河岸的小巷弄裡包容著人們的生命，那麼馬尼卡尼卡河階無疑地承載著人們的死亡，在生命的終止處，迎接人們進入極樂天堂，永不再回來。

在瓦拉那西，死亡就是——解脫。

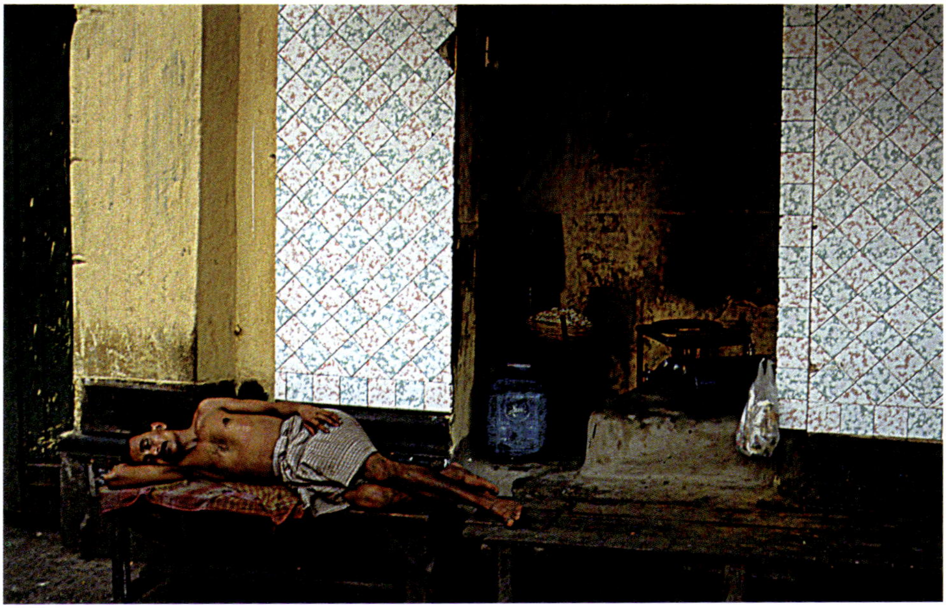

路邊沉沉睡著的人，是否得到了短暫的解脫？

2

世界上再沒有什麼地方，像瓦拉那西這樣因為死亡而享有盛名了！

她是所有印度教徒們最渴望死亡的所在，在《往世書讚歌》中，還稱頌它為「摩訶悉摩娑那」（Mahashmashana），意為「偉大的火葬場」，因為濕婆將在世界末日的時候，在這個地方以無比的烈焰將整個宇宙吞噬毀滅，回復到一片空無的境界。

據說在很久以前，迦尸本身就是一座巨大的火葬場，你可以在任何地方進行火化儀式，因為這是濕婆居住的城市，而在讚歌經典中，濕婆就住在火葬場裡，挑戰一般人們認為火葬場污穢不祥的概念，破除人們對吉凶、善惡、高低、美醜的執著分別。現在雖然隨處火化的習俗已不再，可是座落在城市中的馬尼卡尼卡和哈里須錢德勒兩座河階上，依舊二十四小時不停地進行赤裸裸的火化場面，讓每一個走過的旅人都露出難以形容的表情——那是又想偷瞄一眼又想假裝不在意的複雜心情。

事實上，不用走到火葬場，馬尼卡尼卡後頭的小巷弄中，已經充滿了濃濃的葬禮氣息，幾間昏暗的小店舖子，賣著檀香粉、檀木碎片、香乳、花環、銅壺和圓陶罐等喪葬用品，舖子前後左右的路邊，堆積著比屋子還高的粗樹幹。唉！要毀滅多少森林才能堆起這麼壯觀的柴堆呢？近幾年印度政府為了荒野保育，拚命宣導電力火化，可是人們根本不理會！如果沒有冒火的柴堆，如果沒有濃濃的青煙，他們就不能確定親人們是否真的進了天堂。

木幹堆前面站著幾座巨大的秤子，三兩工人翹著腿坐在鋸馬上，脖子上掛著毛巾，一手捏著煙捲，一手拎著小小的奶茶杯，正悠閒地聊著天。他們是販賣或搬運火葬柴薪的木工，沒有一個會說英語。這也難怪，因為在種姓社會中，處理喪葬事務的是稱為「冬姆」（Dom）的迦提團體，由於人們認為喪葬是極為不祥污穢的工作，冬姆也就被歸類為極低下的賤民階級，這樣的人們是沒有機會受什麼教育的，可是在計算燃柴、堆架葬火、控制火勢的專業領域裡，沒有人比得上他們。

他們要住在神樹的根下、火葬場以及山林之地，大家都應該認識他們，讓他們依照種姓職責維生。

——《摩奴法典》10—50

有事情的時候才可以在白天外出，但需依國王規定的標誌讓人辨識，他們要負責搬運沒有親族的屍首，此是律令。

——《摩奴法典》10—55

一個老闆似的大肚子男人帶著一個穿了白袍的光頭男子走來，嘰哩咕嚕說著什麼，只見這些工人翻下身來，扛起一根粗木幹放在秤子上。老闆告訴我們普通的木頭一公斤要二塊半盧比，上等的要五盧比，最好的是檀香木，一公斤要七十元，可是現在政府嚴格控管檀香的砍伐，因此這裡是看不到檀香的。要將一具屍體焚燒殆盡，大約需要二百八十到三百六十公斤的木頭，加上工錢什麼的，光是木材就要花個一、二千元。

秤足了重量，算好了價錢，工人們把碩大沉重的木幹扛在肩上，走到河邊火葬場中央，那兒有另一群劈木工，正在一堆堆的葬火間，滴著亮晃晃的汗珠，奮力揮動斧頭，把腰圍粗的木材劈成手臂般細。劈木頭是很費力的工作，只有滿十八歲以上的男性才能擔任，我們和眼前一個正揮汗工作的劈木「老者」巴布（Barbu）聊上了話，他有七個女兒、一個兒子，做木工已經十年，現在三十五歲。

一邊呼喊神名、一邊通過小巷的送葬隊伍。

火葬場的木頭工人。他們面前巨大的秤是秤量木頭、計算費用的工具。

火葬場的後臺是葬儀工人與喪家的休憩之所。

馬尼卡尼卡河階上的火葬儀式。

有沒有搞錯啊？他看來至少有五十歲了，我們以為是語言上的溝通有誤，可是維卡希問了兩三次，答案都是一樣，這便使我們為他難過了起來。這樣辛苦的工作，一天也不過一百盧比，而青春、體力與生命就在不斷地扭腰揮斧間，無情地流逝了。

問巴布最大的願望是什麼，他咧嘴笑了起來，「只要女兒能順利嫁出去就行了！」

毫不令人意外的答案！這些勞力階級的人們總是有著許多小孩子，為了把孩子撫養長大，他們努力地工作著，等到孩子大了，又要為籌措女兒的鉅額嫁妝繼續拚命，無窮的生活壓力提煉出對解脫的永恆渴望；窄小巷子中四處林立、香火鼎盛的大小神廟，就是這渴望的具體展現。每一座神廟都有自己的傳說，誇耀自己的無上大能。神像前的每一朵鮮花都是一個無奈的願望，祈願不一定會實現，但能給人活下去的希望，雖然，那也僅只是希望罷了！

恆河上吹來陣陣帶著印度味的涼風，混合了濕氣、油炸咖哩、捲煙、焚燒木頭以及屍體的特別氣味，把葬火的濃濃煙塵高高捲上灰色的天空。

阿耆尼啊！請不要將他燃燒，請不要燒毀他的皮膚還有他的身體；
火啊！當你將他燒熟之後，就請你將他帶往祖先那裡去吧！

——《吠陀火葬詩歌》

印度的火葬儀式稱為Antyeshti，意思是「最後的獻祭」，也就是說，火葬事實上是一場向神奉獻的火供祭儀，只是，要供入火中獻給神明的，是亡者的身體。因此，當家中有人過世時，身為長子的人就得以準備祭神供品的虔敬心情，以恆河水清洗亡者的遺體，並塗抹上香油，然後以布帛包裹屍身，男性和寡婦用白布，女性則用紅布——紅色代表喜氣，因為妻子比丈夫早逝表示她將不會成為寡婦，因此是一件可喜的事情。裹了布的遺體放在竹擔架上，覆以黃色、紅色和金色的彩布，最後佈置上花環，由包括長子在內的四位親人抬著，邊唱歌邊來到河邊。

每一個在呼喝聲中來到這兒的遺體，都得先浸在恆河水中，做最後一次的洗罪淨身，然後排隊等待場地，而長子就趁這個空檔去剃除鬚髮。馬尼卡尼卡後頭的小巷弄中站著一排忙碌的理髮師，身旁散聚著許多剛剃了頭的人們，一位理髮師俐落地將一個年輕人的一頭濃髮刮為光禿禿的青皮，只留下後腦勺正中央一小撮，「用來接收宇宙能量！」他熱心地為我們解釋著。喪家剃髮後換上白衣，買好木頭，由專管葬火的冬姆們架好柴堆，家屬們就將屍體上的裹布拆掉，只留最後一層紅布或白布，等待最後的點火儀式。

維卡希指著火葬場正後方一間被葬火熏得發黑的神廟說：「看到沒有？那兒有一堆聖火，從宇宙創始之初、迦尸誕生之時就已存在，由冬姆們看管著，已經燃燒了不知多久，從來不曾熄滅。」長子會到那兒奉獻個五十盧比，然後用長長的吉祥草枝取來火苗。有些人會從自己家中帶來火種，可是大部分的人還是會使用這間神廟中的聖火。

一個喪家男子拿著點燃的吉祥草走出神廟，他的親人已經躺在柴堆上準備上路了。男子遵循古禮，以反時鐘方向繞行死者五圈，然後從腳部點燃葬火，送亡者回到天堂。

「反時鐘是表示亡者的生命已回到初始狀態，而五圈則是因為身體是由地、水、火、風、氣五大元素合成的。」

維卡希說，他的祖父前兩年才去世，因此對喪葬風俗記憶猶新。

接下來就是火神阿耆尼的工作了！

焚燒一具屍體大約需要二到三個半小時，我們坐在階梯上，透過隨風飄揚的灰燼煙塵以及因高溫而扭曲的氣流，看著那一堆堆冒著烈焰的柴火。剛點燃的柴堆上，躺著輪廓清晰、包了白布的屍身，親人們為了讓火勢順利竄昇，不停向屍身潑撒檀香粉與香乳油膏。

烈火先是吞噬掉包布，露出亡者的四肢，但見手臂和腿漸漸化為焦炭，只剩手掌和雙腳孤獨地掛在柴堆邊，因高溫燻烤而呈現不可思議的扭曲。忙碌的火場工人穿梭在葬火堆間，以兩根長竹棍做為火箝，俐落靈巧地翻動著葬火。

當某個柴堆上的身軀被大火吞噬到只餘體積最大的胸骨和頭顱時，管理葬火的人便以那兩根長竹棍夾起屍身，先「丟」到一旁，然後將火堆打散，把燃燒旺盛的柴火和尚未燃燒的木頭交錯堆疊，再夾起屍身翻個面「丟」入火堆之中。只聽得「啪！」的一聲，管火人的竹棒重重打在亡者身上，把肋骨打扁折疊，塞在火勢最旺的地方，上頭再堆積柴火，確保屍身燃燒完全。那位管火者一會兒打打屍骨，一會兒戳戳頭顱，顯出很專業的樣子，可是，看著那屍身被這麼俐落地丟來甩去、戳戳打打，卻使人感到一陣一陣的難受。

火葬場後方的露天理髮座。圖中剃髮的喪家來自二、三千公里外、孟買附近的村落，他們特地將親人的骨灰帶到瓦拉那西來撒在恆河中，並將在此居住一段時間，進行守喪祭禮。

唉！可是更難受的還在後頭，當死者的身軀逐漸從一個龐然大物變成一塊小黑炭時，管火人就會將死者的頭顱挑出來，進行一個簡單的儀式：「鏗！」的一聲彷彿脆瓦般，他用撥弄火堆的竹棍敲碎了頭蓋骨，據說這樣就將死者的靈魂從身體中釋放出來了！

最後，冬姆們將這些遺骨從一堆餘燼裡頭挑出來，讓家屬做最後的確認與告別後，就連同木柴遠遠地拋入恆河中，然後長子用圓形的紅陶罐到河邊裝滿恆河水，倒在餘燼上，連續四次，最後一次將陶罐連同聖水一起砸在灰燼上，這就表示生者和死者的關係完全結束，再也沒有掛念了。

火葬結束後，全家人就到其他的河階沐浴，洗淨葬禮的不祥染污。之後的十天，長子必須獨居，不讓任何人碰觸他的身子，並且每天早上帶著香乳、穀物和鮮花等供品到恆河中沐浴獻祭。到了第十二天，人們會在河邊舉行祭祀，準備餐食，先供養牛、再供養婆羅門，最後全家人聚餐。印度人們相信，人死後得走一段路才能到達下一階段的生命起點，而每一天的祭祀就是指引亡者陰間的路途，等到十二天的過程完成後，就表示亡者已平安到達，或是已完全和大梵合而為一，生者也就能夠安心了。

在旅程中，只要是有聖河或聖水池的地方，就可以看到一群一群的人們圍成半圓，在水邊舉行這樣的祭祀。

他們依著葬禮祭師的指示，佈置起各種不同的簡單祭壇，大多是在銅水罐上放著神聖的椰子或樹葉，代表不同的神和祖先，然後把麵粉加上聖水揉成一塊大麵團，再搓成許多五穀米球，代表人體各個不同的部位，他們做出各種繁複的動作祝福每一球丸子，甚至有人用木籤把那些丸子三個一

這位年輕人正在為亡母做超渡儀式上。

在超渡儀式中，不同的穀物、不同的花葉和不同的顏色，分別代表不同的神明。在這裡，橙黃色的鋪布和花朵代表著死者的靈魂中左。

綠色的鋪布、綠豆和葉子代表濕婆中右。

將小丸子與大麵糰揉在一塊兒，代表死者與「大梵」結合為一，這樣的儀式起源可以追溯到吠陀時代下。

串放在鐵盤中，看來像丸子三兄弟似的，最後，他們會把這些小丸子揉捏進一塊大麵團中，表示亡者已回歸大梵。

每個祭師帶領的祭儀都不太一樣，唯一的共同點是「繁複」。或許，那些祭儀最實在的功用，就是讓人們覺得多少能為逝去的親人做點事，讓心頭的遺憾與無力感稍稍獲得安慰，而在忙得暈頭轉向後，也就沒有多餘的心思去悲傷了吧！在這些為了亡者而存在的儀式中，真正得到慰藉的，其實是還活著的人！

一個駝著背的瘦弱老者，顫顫巍巍地從河中取來最後一罐恆河水，在家人的攙扶下，他把水罐舉在左肩，背對著葬火灰燼站著，冬姆一聲令下，他便以顫抖的手，將陶罐抛到身後，匡噹一響！陶罐瞬間破裂，老人家慢慢回頭，不知是想看看自己抛得準不準，還是想再看親人最後一眼，可是工人們卻用力地將他推開了。

「走了！不要看了！」在工人的吆喝聲中，一家人扶著還想回頭的老人，默默地離開了。

3

死亡像海洋的無盡歡唱，日夜衝擊在生命島嶼的四周。

——泰戈爾《漂鳥集》

河階祭司與朝聖者的小船。

在早期的印度人們心中，死亡原是死神閻摩的管區，祂是世界上第一個死亡的祖先，因此從人間到死亡幽谷的路是祂開闢出來的，如果沒有祂帶路，誰也別想平安地到達亡者的世界。

這位閻摩老祖先從吠陀時代就已出現在讚歌中，祂的存在讓荒原中隨時要面臨生命危險的原始部族心安許多，因為死後的世界有祂打理一切，只要好好遵循祭祀的儀式：

奉上醉人的蘇摩酒以及融化的酥油，再加上精美豐盛的供品與食物，在祭司召請火神阿耆尼的光臨之下，閻摩會請祂那兩隻長著花斑的狗看守亡者的道路，並且將他們帶到祖先的餐桌之上，與天神和閻摩一同共享豐盛的筵席。

閻摩是為我們發現道路的第一人，
別人將不會搶走這一片牧場，
祖先們逝去的地方，
子孫們要各自依路前往。

去和祖先們與閻摩在一起，
帶著祭祀和善行、除去罪業回到天家，
和祂在一起，閃耀發亮。

你們遠離這裡往別處去，
祖先們給逝者預備了這地方，
有白晝、黑夜與潔淨的水，美麗無比！
閻摩讓他在這裡安息。

——《梨俱吠陀》10卷14首

古時的人們是多麼單純，那時閻摩的工作又是多麼的輕鬆啊！

可是，當社會結構日益複雜，「業」與「輪迴」的觀念萌發後，閻摩的業務就開始繁忙起來。祂不但要負責帶走人們的靈魂，還要先審判他們，看看他們在人間的作為是好是壞，再決定是要帶他們去共享豐盛的筵席，還是將他們丟入輪迴，轉生為一頭驢子。閻摩的審判是很嚴厲的，這嚴厲的懲處，加上人們對死亡的原始恐懼，使得閻摩不再是一個親切的老祖宗，而是一個令人畏懼、專取人性命的死神。世界上所有的人都在祂的轄區之內，人們隨時隨地都在害怕祂的到來，沒有一刻可以安心。

對未知死亡的恐懼，激發出人類對生命的疑惑以及對永恆的渴望。於是，在思想爆炸的奧義書時期，人們就針對這些問題沸沸揚揚地辯論得不可開交，經過數百年的辯證討論，終於提煉出一個大多數人都接受的人生終極目標——解脫（Moksha）！

婆羅門教認為，宇宙萬物都是淨梵的顯現幻化，因此萬物的內在都有梵性的存在，就像加了鹽的清水，雖然看不到鹽的存在，但水中卻有著「鹹性」。可是這個純淨的梵性卻因為無知的遮蔽，而對生命的真實本質有了錯誤的認知，這錯誤的認知會導致人們做出好好壞壞不同的行為，而這好好壞壞不同的行為，又導致人們在死後轉生為各個不同的種姓迦提，以承擔或是享受自己過往行為的成果。

這個有著身體與精神、可以有所作為的生命就是「小我」，「小我」在一個又一個生命循環中轉換型態，學習並體驗生命的真相。

如拋棄一件破衣裳，換上另一件新衣服，靈魂拋棄死亡的軀體，進入了另一個新生。

——《薄迦梵歌》

生命輪迴的概念早在佛陀出生之前就已發展出來，少說也有三千年的歷史，從古老的婆羅門教到現在的印度教，輪迴的思想絲毫未見動搖。在這樣的傳統之下，印度子民們深深相信，人的生命就像是一條連續不斷的隱形線，在這條線上，死亡只是無盡生命的一部分，它是這一世生命的終點，也是下一世生命的起點，如同即將燒盡的燭火接續點燃了下一盞新的蠟燭。

人們就這麼在一盞又一盞的燈火間，不斷承受新的生命流程，直到終於明白自己和大梵是同一不二的，便能回到清淨的「梵」中與之合而為一，就像「瓶內的空氣和瓶外的空氣」，在瓶蓋打開後就完全結合，再無分別。一旦回歸遍滿萬能的淨梵，那不停流轉的輪迴就被永遠地斬斷，你再也不必回到人身中，經歷那痛苦無奈的生命過程。

可是，要如何才能明白自己和大梵是同一不二的呢？婆羅門的說法是，必須證得無上的解脫智慧！至於如何修得這種智慧，辦法可就多了：

有人說必須精勤地祭祀禮拜，從對神的敬拜中體會與神無二的靈性智慧；

也有人捨棄世俗的一切欲樂，離家漫遊，尋求與梵結合；

修行更極端一些的，就實行嚴苛的苦行努力折磨自己，期望在肉體的痛苦中找到這種智慧；

更有人修行神祕邪法，在縱欲與血腥的儀式裡盡情放肆，期望找到生命的解放……

靈迦是男性生殖器的象徵，底下的臺座則是代表女性的生殖器。一旁的畢爾瓦樹葉由於形狀像濕婆的三叉戟，因此也被當成祭祀聖物，而上方的銅壺滴著純淨的牛奶，象徵恆河聖水從天堂流過濕婆的頭髮進入人間。根據考證，整個崇拜儀式起源於遠古的石頭崇拜。

或許是人們漸漸對這些行為中存有智慧的說法感到了懷疑，於是在主神信仰出現後，就萌生出另一種說法：只要你做的苦行夠嚴酷，或是崇拜奉獻得夠徹底，大神濕婆就會受到感動而出現，把這種智慧賜予你。一旦獲得恩賜，你就超越了生死、滅除了迷惑，雖然因為生命尚未結束而仍待在世俗的此岸，可是一旦死亡，就可以直接越渡到涅槃的彼岸，獲得永恆的解脫。

如果有人搞不清楚上面這一大段繁複糾纏的高深理論，那就直接到瓦拉那西來吧！

雖然迦尸自古就是瑜伽苦行者聚集修練的地方，但是當大神信仰來到民間深深扎根後，一些普世傳唱的讚歌就打亂了苦行、奉獻、祭祀與解脫之間的絕對法則。

何處能如此地？不須任何努力，
只因放棄了軀體，就能得到解脫？
何處能如迦尸？不須苦修、不須奉獻、不須繁雜的祭儀，
只因放棄了軀體，就能得到解脫？
即使是抑制心性的瑜伽苦修者，亦無法於一生中達到解脫，
但是在迦尸，只要死亡，即得解脫！

——《塞揵陀往世書．迦尸篇》

這就是說，如果一個人在瓦拉那西死亡，他大可放一百萬個心，死神閻摩既無法接近死者，

也別想懲處他們，甚至連踏入這座聖城的邊界都不行！人們相信，當一個生命在這裡嚥下最後一口氣時，來到他身旁的將不是那個恐怖的閻摩，而是無上吉祥的濕婆大神。祂會輕輕地將亡者抱在膝上，在他耳邊誦出超越生死的超渡咒（Taraka Mantra），亡者只要到越渡彼岸的渡船口，向船伕說出這個通關咒語，就可以上船得渡解脫的彼岸。這種優惠待遇是只有在死亡的那一刻才能享有的，因此，在別處是恐怖無邊的死亡，在瓦拉那西卻是無上的神聖與吉祥。

虔信的人們深深相信：瓦拉那西是濕婆的城市，祂曾經允諾過，絕對不會離棄這個城市，並且承諾「所有在此死亡的眾生」都能直接從生死輪迴中解脫，進入永恆的天堂。是的，所有眾生！不論是慈悲行善的好人，還是罪大惡極的壞人；不論是巨大的象，還是微小的昆蟲；不論是高貴的婆羅門，還是不可碰觸的賤民；濕婆不會問你曾做過什麼，祂只是一視同仁地告訴你那個通關密語，因此，這裡的婆羅門總是快樂地說：「在瓦拉那西，即使是一頭驢子，牠的處境也比別處的皇帝要強得多！」

這下子，一些流血流汗的婆羅門就發出了抗議的聲浪！因為如果真是這樣，那麼那些棄絕了家庭、每天在森林中修練著苛酷苦行，卻還不一定能解脫的人們，難道是傻瓜嗎？如果大神真是一視同仁地對所有眾生賜予解脫；不論他是好人還是壞人，那麼人又何必努力行善呢？這樣怎麼會公平呢？其他大神又怎能允許濕婆這樣濫施恩惠、獨攬信眾呢？

於是瓦拉那西的婆羅門又忙碌了起來，他們想出各種解釋，經過反覆辯證後，歸納出幾種主要的說法。對頭腦簡單一些的，他們就說大神自有安排，那些真正罪業深重的人，神不會讓他死在聖城中，他們總是會在最後關頭，由於神的旨意走出城去，然後死在別的地方，讓閻摩把他抓走，好好地懲罰一番。

如果一個人的腦袋是處在正常運作的狀態下，他就會提出疑問，因為每個人的身邊都會發生那種好人死在外邦，壞人卻安安穩穩死在聖城中的莫名其妙的事。這時婆羅門就會搬出非常好用的「業果輪迴說」：我們眼中所認定的好人，他可能曾在過去世造了極大的惡業，這一生雖然行事良善，可是還不足以消業贖罪，而那些壞人可能已經歷過無數世的修行善業，因此能夠在聖城中死亡並直生天堂。

這一切的安排，我們這種平凡的小民當然是不會明白的，因為只有「神」才能依據一個人無數世的作為，來決定他究竟值不值得死在迦尸。甚至有人說，只要是投生到瓦拉那西的生命，本身就已歷經了過去無數世的修練，對真理已有了透徹的了解，現在只剩下最後一世的課程，只待死亡，便能解脫回歸大梵。

家境貧困的喪家會在恆河邊隨意搭起小遮蓬，作為服喪期間的住宿之地。

只有家中的男性才可以參加亡者的火葬儀式；他們腳下踩著的金蔥彩幡，原來都是包覆著亡者的最後裝飾。

因此，瓦拉那西不只是這一生的終點，還是無邊無盡的生命輪迴終點，所有人只要完成了他的生命作業，就會轉生在瓦拉那西，等待最後的越渡。

儘管宗教哲學家高來高去的辯論尚未畫上休止符，但人們早已依著最熱切的渴望，接受了濕婆的救贖，所以馬尼卡尼卡上的火光才會那麼燦然，千百年來，沒有一刻停歇。

太陽漸漸隱沒、晚霞罩臨恆河，葬臺上的人影依舊忙碌來去，橙紅的微光照在或坐或站、甩著尾巴的悠閒牛兒身上。沒有人說話，也沒有人哭泣，空氣中只有不知是身體還是木頭燃燒的劈哩啪啦聲，以及遠方迴盪著的送葬隊伍豪放的反覆呼喝。

在瓦拉那西的日子裡，我們經常與這樣的隊伍擦身而過，卻從來沒有看到哀傷的場面，反而因為那句口號的呼喊，而感到一種豁達的開朗。

所以，我們一直以為，濕婆的天堂就是印度人們所有問題的解答了。

可是，當我隨口問維卡希：「是否因為在瓦拉那西死亡就是解脫，所以人們都不悲傷？」他卻驚訝地張大了口，像是受到天大的冤枉似的慌忙辯解說：「不！我們也會悲傷的，親愛的人死去，再也無法見面，誰不會悲傷呢？」

這個答案打破了我們一廂情願的浪漫想法，讓我們一時之間有些愕然。「可是，每個人看起來都很平靜的樣子啊！」

「那是因為我們不會在外人面前哭，大家都只能躲在家裡頭哭。」維卡希拍拍走過身邊的牛，有些無奈地說。

「為什麼呢？」我很想告訴他，在臺灣還要特別請人來哭哩！

「因為這樣對亡者不好，他會因痛苦而無法前進，所以在葬禮中，從頭到尾都不可以哭泣。」維卡希邊說著，邊把向他甩尾巴的牛兒輕輕推走了。

我們在幾天後證實了維卡希的說法！

那時我們正要去尋找聖城南界的阿西河，卻在阿西河階上遇到一群婦女，她們相互依偎著坐在河邊，發出令人斷腸的哀泣悲歌。一個女子帶著才八、九歲、已經剃了光頭的小男孩進入河中沐浴，並將他浸入水中，進行祭祀儀式，孩子似乎並不知道發生了什麼事，還扭動著身子想玩水呢，這就使得一旁的婦女們更悲傷了。

她們一面哭泣一面唱誦著印度式的「哭調仔」，十幾個女人哽咽的聲音飄在半空中，時而放聲大哭，時而抽搐顫抖，她們的歌聲是如此悲哀，就是鐵打的心腸聽了也要心碎的。我們不過是路過，聽著聽著，眼眶也跟著紅了起來。唉！或許這就是婦女不得出現在火葬典禮中的原因之一，這樣哀痛的歌聲，任誰聽了都會難受的。

「如果親人在瓦拉那西死去，就直接上天堂啦！為什麼要悲傷呢？」我們很想這樣問維卡希，可是，看著他年輕的純真面容，我們知道，天堂雖然不能解答生死的無盡疑問，但卻賜予人們無窮的希望，因著這希望，人們得以度過一生，所以，有些問題，就讓它留在恆河的天空裡吧！

在苦惱的大海中，唯一曾教導人們走出天堂迷思，直接面對死亡的人，是印度二千多年前的老祖宗——佛陀，只是，現在的濕婆子民們恐怕根本沒有機會聽到這樣的教說吧！

女子們的沙麗色彩是多麼明豔啊！可是她們卻正為了親人的過世，而相擁唱出令人心碎的哀泣悲歌。

佛陀的入滅，平凡而寧靜。

4

死亡，是生命中最難以面對的痛！即使是佛陀，也曾經在無盡的長夜中，忍受生死逼迫的苦惱。

傳說青春年少時的悉達多生活在優渥舒適的環境中，從未想過生、老、病、死的問題。直到有一天，在一次出城遊玩的機會中，他看到了衰弱的老人、重疾的病人與出殯的隊伍，知道自己有一天也將和他們一樣走向衰老和死亡，這才打破了無憂無慮的生活，開始被這些苦惱日夜折磨著。當他再也無法忍受老、病、死等憂悲惱苦的煎熬時，終於下定決心離家，尋找生命的解脫之道。

經過多年的修行，悉達多終於走出了生死的迷惑苦惱，成為世間的覺悟者——佛陀。

佛陀曾經多次告訴弟子們：

我常與汝等　長夜涉生死　不見聖諦故　大苦日增長
若見四聖諦　斷有大海流　生死永已除　不復受後生

——《雜阿含經》403經

在短短四十字的偈子中，佛陀明白地表示，只有覺知苦、集、滅、道四聖諦，才能滅除生死問題，不再有苦生。這「苦從何處生、亦從何處滅」的「苦惱輪迴」開示，正是佛陀面對生死迷惑的解答。

佛陀在世的西元前六世紀，正是婆羅門與諸大外道對宇宙、人生、輪迴、永恆等問題討論得最興高采烈的時候，每個修行人都提出了讓後代學者一個頭兩個大的高妙哲理。好比說，一位名叫阿耆多翅舍欽婆羅（Ajita Kesakambala）的非婆羅門宗教師，認為世間是斷滅的，他說世間一切都是地、水、火、風四種元素組成，因而有活動的軀體與意識，「身」、「識」為一體，因此人一旦死亡，一切就消散，並沒有靈魂輪迴或是祭祀苦行的福德，他的教說被稱為「順世論」，也就是在社會上很流行的意思。

> 受四大人取命終者，地大還歸地、水還歸水、火還歸火、風還歸風，皆悉壞敗，諸根歸空。若人死時，床輿舉身置於塚間，火燒其骨如鴿色，或變為灰土，若愚、若智取命終者，皆悉壞敗，為斷滅法。
>
> ——《長阿含．沙門果經》

另外還有一位什麼都懷疑的修行人散若耶毗羅梨子（Sanjaya Belatthiputra），他對一切事物都抱持著曖昧的態度，在面對婆羅門的梵我思想時，既不回答「有」，也不回答「無」，所以佛陀曾說他就像泥鰍般難以捉摸。據說佛陀的兩大弟子舍利弗與目犍連，在皈依佛陀之前就是他的學生。

古老小巷中的彩色氣球，創造出充滿奇幻氣氛的印度。

除此之外，還有一些「無因無緣論者」，像是不蘭那迦葉（Purana Kassapa），他認為一切生命事物的產生都是偶然，所以殺人、偷盜、作姦犯科並不生惡報，而行善、佈施等好事做盡也不結善果。另一位婆浮陀迦旃延（Pakudha Kaccayama）則認為世間是由地、水、火、風、苦、樂、靈魂所構成，這七種要素不會被動搖與破壞，聚合則生，離散則死，無關善惡業報。其中，把無因無緣論發揮得最為徹底的，則是末伽梨瞿舍羅子（Makkhali Gosala），他宣說絕對的宿命觀，認為存在的一切都由固定的命運支配，沒有任何力量可以改變，因此不論行善還是行惡，都無法扭轉未來。這類說法導致許多人不願行善，反而恣意作惡，因此佛經中稱他們為「邪命外道」，意指「不正經的生活者」。

無施、無與、無祭祀法，亦無善惡無善惡報；無有今世，亦無後世，無父無母、無天無化無眾生，世無沙門、婆羅門平等行者；亦無今世、後世自身作證布現他人，諸言有者，皆是虛妄。

——《長阿含．沙門果經》

這些宗教師們互相辯論，在言辭上一爭短長，玩得不亦樂乎。

當時，唯一沒有加入這場思辨論證的超級混戰的，只有佛陀！

為什麼？在《中阿含經》的〈箭喻經〉中，說得很清楚：

那時，佛陀有一個人稱鬘童子的弟子，不斷地追問著宇宙有無邊際？生命永恆與否？死後是否存在？精神就是肉體？……共十四個問題，他也像後代學者一樣被這些議題弄得一個頭兩個大，以致於無法靜心修行。

有一天，他又跑來向佛陀詢問這些虛無的疑惑，於是佛陀語帶嚴肅的告誡他：

「我不說世界是永恆或是斷滅，宇宙有邊或是無邊，死後存在或是虛散的諸多問題，我一直不說這些，為什麼？因為這不合佛法，不是清淨的根本，不能得到智慧，不能證得覺悟，不能走向涅槃。我一直以來說的是什麼『法』呢！我一直說的就是關於身心中的苦，苦形成的原因，苦惱的消滅和諸苦滅盡的方法，為何我要一直宣說這些？因為這符合佛法，是清淨之道，可從中得到智慧，證得覺悟，走向涅槃。」

由於聽不太懂佛陀的回答，感覺又像是被唸了一頓，蔓童子露出失望的表情，於是世尊就為他

與神同眠的人們，感覺像是有了來世的保障。

說了一個著名的譬喻：「譬如有人身中毒箭極為痛苦，箭醫欲拯救性命幫他拔箭治療，但這人卻說：『不能拔箭！除非你先告訴我射毒箭的人是誰？他長什麼樣子？住在哪裡？弓箭是黑是黃？……』在他忙著問這些問題時，已身受劇毒而一命嗚呼了！」

在這個譬喻裡，佛陀將身心的苦惱比作毒箭，告訴世人：當大家忙著探求未知的生死疑惑時，寶貴的生命就在口沫橫飛與窮思論辯中一點一滴流逝，而憂悲惱苦就如影隨行地跟著我們，直到呼吸停止的那一刻！

佛陀明白指出，不討論這些生死疑問，無非是要提醒人們不要被無法證知的形上理論所綁縛。因為一個人如果用一個小時去思考一個無法驗證的論點，就得花兩個小時去解釋它的不足，然而這解釋必然也是無法驗證，於是，他又得花四個小時去圓說那些解釋……等他用盡了一生，最後才會發現自己不過是用風編織著雲彩，用迷霧來填補天空罷了！

而當我們忙著織雲補天的時候，因著生死逼迫而產生的焦慮與苦惱不但不曾止息，反而更加的輪轉不休，並且隨著生命的衰耄而與日俱增。因此，與其窮盡一生探究生死輪迴，不如多看看「身心苦惱的輪迴」吧！

多留一點時間面對身心的劇壽——「苦惱」的生起與隱沒，「憂悲」的出現與足跡，讓生命回到與自己最親密的身心之中，找到平靜的涅槃道路。

然而，明白道理容易，想要真正了悟，卻是何其困難！當哀傷的人們陷入紛亂的情緒中，誰還能平靜地回到身心去尋找苦滅的道路呢？就連長年近侍於佛陀的阿難尊者，在聽到舍利弗長老入滅的消息時，依舊難掩哀傷之情，當時佛陀便開導他：

「阿難啊！舍利弗入滅的時候，他的戒、定、慧、解脫、解脫知見也入滅了嗎？」

「當一物既生而成形，即具分離消散的必然性，不要其捨離，此何可能？且必無此理。阿難啊！當以自己為島嶼，以自己為皈依處；以佛法為島嶼，以佛法為皈依處，莫向外及其他的地方尋求皈依與島嶼。」

佛告阿難：「汝莫愁憂苦惱，所以者何，若坐、若起、若作，有為敗壞之法，何得不壞；欲令不壞者，無有是處，我先已說，一切所愛念，種種諸物，適意之事，一切皆是乖離之法，不可常保。」

——《大正藏・雜阿含經》638

破底的船隻經過修補，還可以再撐個幾年，但終有一天得面對報廢解離的必然。

對於聖弟子，可以用言語好好地開示，而在面對慌亂中只想抓取浮木的無助人們，佛陀就得以更慈悲的心量來引導了。

世尊在世時曾經遇到一位因喪子而陷入深層哀痛的母親，她的兒子在剛學會走路的時候，就因故去世了。

這位母親抱著兒子的屍首來到佛陀面前，請求佛陀將兒子救活，佛陀知道她正陷入悲痛混亂的思緒中，無法以道理教導，因此暫時先答應了她的請求，並且告訴她，要救回兒子，必須先到村子裡去，找到從未有親人過世的人家，向他們要一些芥菜子來才行。

這位母親興高采烈地挨家挨戶四處尋找，可是從白天找到夜晚，都無法找到家中從未有親人過世的人家。於是她拖著疲憊的身體回來見佛陀，雖然未能拿到芥菜子，然而她此刻的心情卻是澄澈而寧靜的，因為她終於知道每個人都曾經歷過生死別離，並且明白了有出生就會有死亡的真理，於是，她將愛子埋葬了，從此不再哀傷。

佛陀沒有對這位悲傷的母親說太多深奧的道理，或是「你的兒子將去哪裡？」的宗教希望，只是直接引導她用自己的雙眼看清世間的真相，因為「生命無常」是可證的事實而非虛空的理論，一旦明白了苦惱的本源，也就走出了「生死」的迷障！因此，佛法的解脫不在來世或死後的希望，而是活著的當下就可以破除無明，得到智慧的清涼！

那麼，佛陀面對自己的死亡，又是怎麼樣的態度呢？

根據經典記載，世尊的入滅是極平凡而自然的。他在八十高齡時，仍然以最樸質的方式在恆河流域行腳弘法，一直走到一個名叫拘尸那羅的小村落附近時，才終於因腸胃疾病而不支倒地。

面對即將到來的死亡，佛陀掛念的卻是弟子們的修行，在生命危脆的時刻，他仍強忍著痛苦，不斷地勸誡大家：

「不要悲傷，也不要哭泣。是否我於往昔曾告訴你萬物實性就是如此；其與我們最親近者將要與我們分別隔離？」

「諸比丘啊！現在我勸告汝等，諸因緣法皆為無常之法且皆有壞時，大家應自精勤，不要放逸啊！」

——巴利文《大般涅槃經》

豔陽下的彩衣與牛兒，勾勒出一片平和景象。

荒涼的梭羅樹林間，世尊平靜地長眠了！既不在繁華的大都市，也不是「賜予解脫」的聖城，祂不曾指定入滅的地點，也從不說死後將去哪兒，只是依著因緣的自然，平平凡凡地離開了。

在近侍弟子的匆促張羅下，大迦葉長老趕到並且點燃了葬火，在沖天的火勢與濃烈蔽日的煙塵間，佛陀結束了他聖潔的一生。一旁的村民們，有的低頭飲泣、有的嚎啕痛哭，而比丘們則在肅穆的氣氛之中，默默憶念佛陀最後的遺言教語……

由於佛陀從未宣說婆羅門所倡導的神天救贖思想，而是著眼於世間真相的覺察以及身心苦惱的聚散，因此也突破了印度民族文化的侷限性，走出了印度，到達中國、日本、泰國、緬甸乃至全世界。只可惜當佛教在異地風風光光地發展時，印度的人民卻選擇回到崇拜神能的救贖天堂，沉浸在無止境的生死輪迴當中。

5

入夜了！

燃燒的火葬場像是一個不死的劇場，當恆河邊所有的知名河階都休息的時候，它依然不停搬演著扣人心弦的人生劇本。

橙紅的火光映照在被燻得烏黑的高大尖塔上，把人們的影子拉得老長，此時的火葬場最是懾人心魄。飄乎颯響的火焰，彷彿遠古蠻荒吠陀草原上的營火，又似宇宙末日那將吞沒世界的烈焰。管火者褐紅的臉上，淌著晶亮的汗滴，喪家們默然的面容，透著淡淡的哀戚。

拒絕哭泣、摔碎陶壺、不再回頭……，面對「死亡」這生命中難以承受之重，人們自然形成了各自不同的喪葬文化，來止息生死別離的苦痛煎熬。然而，我們想要拒絕的是什麼？能夠摔碎的是什麼？不想回頭顧盼的又是什麼？

不論是否能夠找到答案，死亡，畢竟是每個人都得經歷而無法躲逃的必然！

在瓦拉那西火葬臺上的我們，看似臺下的觀眾，卻又是臺上的演員，終將有一天也要在別人的注目下，獨自離開這個舞臺。因此，對於人與人之間同樣的遭遇與處境，每一個人都該給身邊的人熱情的掌聲與擁抱才是，因為我們都是這世上認真的、賣力的、獨一無二的表演者。

不論我們將要選擇的，是哭泣，還是面對；是回頭，還是自由；是壓抑，還是寧靜……，在現在這一刻，所有的問題和答案，都在搖曳的火光間，在恆河的微風中，也在我們心底深處、最安靜的角落裡……

躍動的橙紅火光，掩映在火葬場的牆壁上，照著世人的永恆期望，黑夜中，那亮藍的字跡彷彿對空獨白，牽引著我們的目光……

這裡是馬尼卡尼卡，死亡在這裡最吉祥，
生命在此豐收，人們在此悠遊於天堂牧場，
沒有聖地似馬尼卡尼卡！
沒有聖城像迦尸！

——馬尼卡尼卡河階上的讚詞

後來

後來，我們再也沒有見過達士夫婦，相信他們依舊在印度的某處繼續著朝聖旅行。

老船伕迦羅希的生活大概就是這樣了，只是不知他的女兒都順利嫁出去了沒有？

賈迦那還是每天追著旅人拉客，希望他的霉運已經過去，日子能愈過愈好。

賓館的光頭掌櫃阿修尤希後來前往韓國學韓文，途中曾在臺灣停留了一個禮拜，可惜沒有聯絡上。

除了偶爾到外地去主持婚禮祭典，桑傑還是每天守著他的小神廟，在來來去去的觀光客間，走著自己的生命道路。

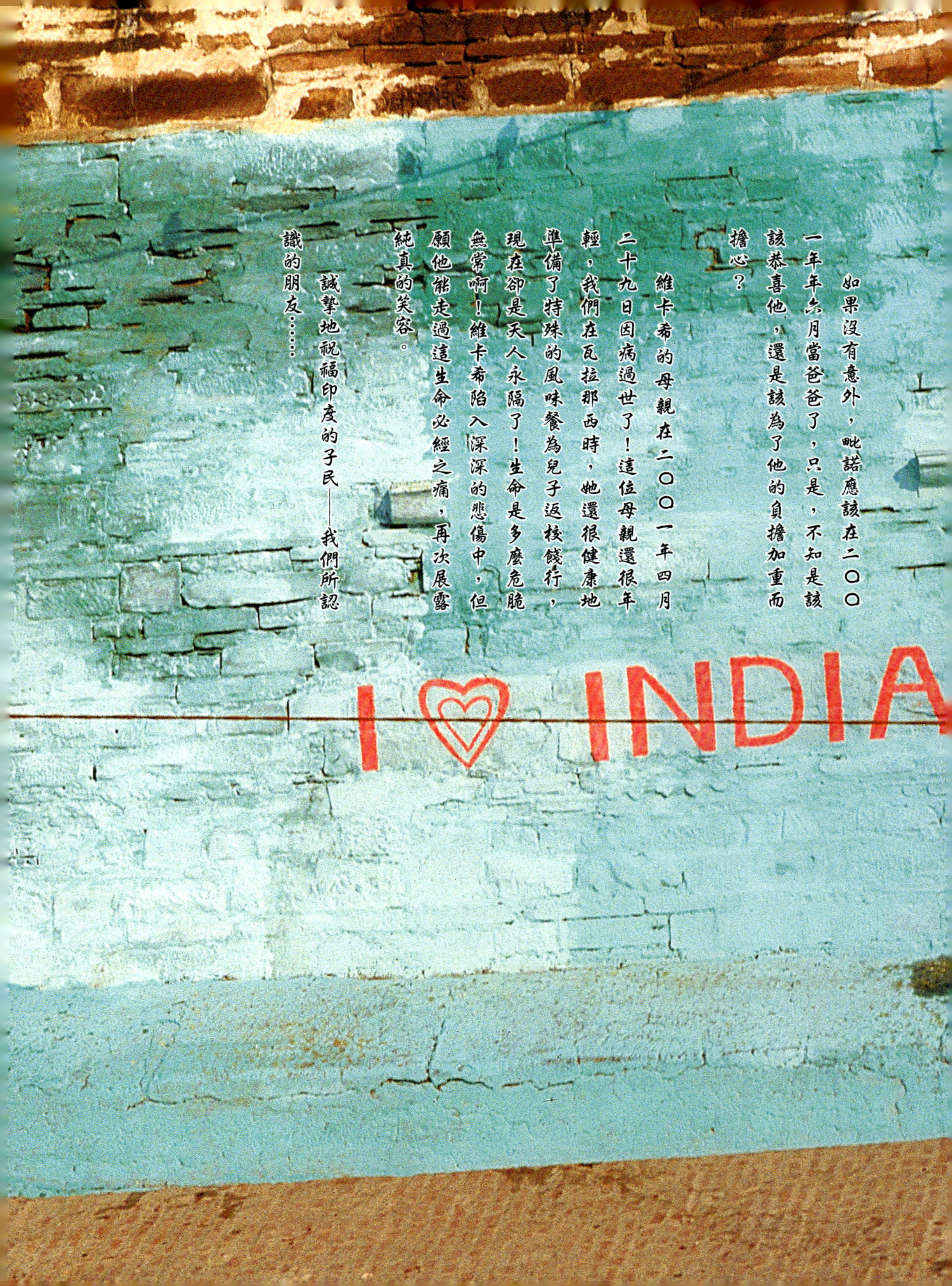

如果沒有意外，毗諾應該在二〇〇一年年六月當爸爸了，只是，不知是該該恭喜他，還是該為了他的負擔加重而擔心？

維卡希的母親在二〇〇一年四月二十九日因病過世了！這位母親還很年輕，我們在瓦拉那西時，她還很健康地準備了特殊的風味餐為兒子返校餞行，現在卻是天人永隔了！生命是多麼危脆無常啊！維卡希陷入深深的悲傷中，但願他能走過這生命必經之痛，再次展露純真的笑容。

誠摯地祝福印度的子民——我們所認識的朋友……

旅遊資訊

幾乎天天都是節日的瓦拉那西

風箏節 Makara Sankranti

一月的第十四天，這一天恆河的天空上會飄滿了風箏。

甘尼夏節 Ganesha Chaturthi

二月間，象頭神的生日，印度人會供奉一座巨大的甘尼夏像到恆河中。

笛瓦利節 Divali

又名排燈節，在十一月中月亮最細的那一天。對印度某些地方來說，它就等於新年。尤其在瓦拉那西，人們會趁這個時節整修粉刷在雨季期間浸在恆河中的房屋，以迎接新的一年。

醒覺日 Prabodhini

時間在十月到十一月間，佛陀在世時，對於印度遊化修行者而言，醒覺日指的是雨季安居期的結束；另一方面，在民間概念裡，醒覺日則是毗濕奴神從睡眠期醒來的日子。為迎接大神的醒覺，從五恆河階向南一直到馬尼卡尼卡河階，會密密麻麻地聳立起一根一根細長高挑的竹枝，竹枝頂端吊著一只一只的小竹簍，當醒覺日來臨時，這些小竹簍裡就會點起盞盞油燈。

食山節 Annakuta

可以到黃金神廟跟它對面的豐足女神廟，人們會在那兒用各種食物堆起一座山丘，祭典完畢後再發給所有人。

羅摩戲劇節 Ramnagar Ram Lila

每年九月底在瓦拉那西城外有舉行。Ram Lila指「遊戲人間的羅摩」（Rama's play），是印度史詩《羅摩衍那》史詩中，一系列歷史悠久傳統民間活動。活動中包括舞蹈表演、歌曲、敘事、朗誦和戲劇對話。這些表演藝術活動遍及印度各地，北部尤為盛行，瓦拉那西是這個活動最有名、最熱鬧的舉行地方之一。

胡利節 Holi

二月到三月間有春天最盛大的胡利節，大家在這一天會互撒紅粉，並燃起火堆焚燒女巫胡利卡的塑像。

九夜節 Navaratra

三月和十月各有一次慶祝女神勝利，要連續九天九夜巡迴女神廟獻祭，最後把一尊很大的杜爾迦女神像獻給恆河。

佛陀誕辰

四、五月的乾季間，是最適合苦行朝聖的日子。

龍王祭 Naga Panchami

雨季的七、八月間，因為大雨常把蛇逼出洞穴跑進民家，所以大家都會在門上貼大蛇的海報讓蛇遠離。

瓦拉那西處處是景點

河階（由北至南）

恆河沿岸的河階約八十四個，長約四公里。在這裡，每一座河階都有不同景觀、功能和宗教意義。

1 **五恆河階：**瓦拉那西有許多傳說都和這裡有關，建議可以年底醒覺日前後來此參觀，可以看到河階上密密麻麻的高挑竹枝，每根竹枝頂端吊著一只小竹簍的奇景。

2 **辛迪亞河階：**藍白相間的美麗河階，上方的小徑中有一座著名的靈迦——英雄之主。

3 **馬尼卡尼卡河階：**是瓦拉那西二十四小時的火葬場（不行火葬者，會直接在恆河放流，通常是五歲以下孩童、沒錢的人、自殺身亡者）。馬尼卡尼卡河階也是恆河中最神聖的一個河階和朝聖者最終的目的地，河階的名稱來自於火葬場北方的一口四方形水池——馬尼卡尼卡水池。

4 **達沙蘇瓦美河階：**最著名的河階。婆羅門傳統有一個印度君王做的殺生祭儀叫「十馬祭」，頗為血腥，但婆羅門認為這樣的儀式可以使君王成為王中之王，而達沙蘇瓦美河階則是傳說中從不信神的國王提婆達沙成功舉行十馬祭的地點。如今，現代婆羅門認為，只要在這裡沐浴，不必真的舉行此祭儀，就可以輕輕鬆鬆得到舉行十馬祭的無上功德。

5 **哈里須錢德勒河階：**瓦拉那西城中另一座火葬場，政府於一九八六至一九八七年間在這裡建了一座電力火化場，希望倡導較為環保的電力火葬。

6 **大涅槃河階：**傳說為佛陀沐浴之地。

7 **托西河階：**河階的頂端有一棟房屋可以俯瞰恆河美景。

8 **阿西河階：**瓦拉那西最南方的河階，同時也是「五津朝聖」的起點。這條朝聖行程必須按照順序分別到阿西河階、達沙蘇瓦美河階、瓦魯那桑崗姆、五恆河階和馬尼卡尼卡河階沐浴，當然，最好是以帶點苦行味道的步行方式來進行。

哈努曼神廟

位在瓦拉那西南部，祭祀有猴神哈努曼。哈努曼是羅摩的遠征中，最重要的角色。牠第一個潛入楞伽找到悉多；牠搬來大山填海造橋，讓猴子們和兩兄弟渡過大海；牠幾次遠赴高山，取藥救活遇害身亡的羅摩兄弟；牠又多次運用神通，諸般變化，救出被俘受困的兩個主角。牠付出全部的生命來服侍敬拜羅摩，卻不要求任何回報，因而成為奉獻派的完美典範，並且被提昇到神的地位。

貝拿勒斯印度大學

座落在瓦拉那西舊市街南邊，創立於一九七一年，因二十世紀初印度民族意識開始抬頭，一九〇五年印度國民會議提案通過，以研究印度民族傳統文化而募集資金興建。在這裡，無論富裕或貧窮的人都可以平等地接受教育。貝拿勒斯印度大學占地非常廣闊，裡面林木幽深、環境清幽。附近有建築樣式典雅的巴蘿．卡拉博物館（Bharat Kala Bhawan），收藏了迷你精緻畫、石雕。

羅摩神廟

又名托西摩那神廟，這座神廟建於二十世紀中葉，通體均是潔白的大理石，非常雄偉壯觀，是瓦拉那西城區最大的一座神廟，其中供奉著大神羅摩。不過，羅摩神廟的重點並不在羅摩，而是在紀念一位十六世紀的宗教詩人——托西．達士，他是第一位將梵文版《羅摩衍那》改寫為民間日常用語印度文的文學家。

杜爾迦女神廟

奉祀濕婆神的妻子杜爾迦，香火鼎盛，每天都有許多印度教徒前來膜拜。紅色的建築，走進天井，便可見到中央有一座聖殿，供奉著女神像。

黃金神廟

是瓦拉那西神廟中最高者，完成於一九五〇年，全名是毗希瓦那塔。由於廟頂尖塔上鍍了八百公斤的黃金，因此得到「黃金神廟」的美名。極度保守的婆羅門認為，異教徒（非印度教教徒）和賤民都不得入黃金神廟，所以認為這座神廟已受到染污，故在河邊又建了新的一座黃金神廟（米爾河階附近）以示自己的正統，不過現實是，原有的這座黃金神廟還是人潮絡繹不絕。

順便朝聖鹿野苑

鹿野苑博物館

是佛陀聖地中，最值得參觀的博物館之一，有許多獨一無二的鎮館之寶，如：阿育王石獅柱頭、笈多王朝時期的初轉法輪像。

達美克塔

建於西元五世紀時的笈多王朝，是一座實心圓筒狀建築，塔身上半部是圓筒狀的紅磚建築，下半身則完全由巨大石塊所建造，形狀略呈八角狀的圓型。塔身上有許多精美的浮雕，除了刻劃出古王朝的光輝之外，也可看出印度與西方文化交流的痕跡。

法王塔

一座磚造型圓型平臺遺蹟，考古人員推測應該是一座覆缽式（飯碗倒扣的半圓球狀）古塔基座，直徑約十三公尺半。雖然曾可能非常風光，如今只遺留下空蕩蕩的基座。

五比丘迎佛塔

為一座八角形的塔樓，傳說中五比丘迎接佛陀的地方，從塔內也挖掘出不少出土文物。

摩犍陀俱提僧院

建於一九三一年，模仿菩提迦耶的摩訶菩提大塔而建，整體結構以石材為主，樸質而典雅。寺內供奉了一尊精緻優雅的佛轉法輪像，牆上繪了優美的濕壁畫，描述佛陀一生的重大事件。另有一座巨大而壯麗堂皇的鐘，由日本的摩訶菩提協會所贈。

走進聖城瓦拉那西

辦理簽證

印度—台北協會（India-Taipei Association）

- 地址：台北市基隆路一段三三三號二〇一二室
- 電話：（02）27576112、27576113
- 傳真：（02）27576117
- E-MAIL：ita@msl.hinet.net
- 受理時間：週一至週五9:30~12:00
- 取件時間：週一至週五15:30~17:15
- 需要證件：❶護照正本；❷身分證正反影印本；❸二吋照片一張；❹申請表格一份（櫃檯索取或網路下載）；❺手續費一仟三百元（申請後隔天便可領取，目前暫停趕件服務）

臺灣駐印單位

新德里台北經濟文化中心/駐印代表處

（Taipei Economic and Cultural Center in New Delhi）

- 地址：N-88, Panchsheel Park, New Delhi 110017, India
- 電話：（002-91-11）46077777
- 傳真：（002-91-11）41072246
- EMAIL：ind@mofa.gov.tw

印度各地觀光局

（Government of India Tourist Office，簡稱GITO）

能提供各種觀光旅遊資訊，包括如何訂購國內機票或預購火車票。

1 **新德里（New Delhi）**

- 地址：88 Janpath, New Delhi110001
- 電話：（011）23320342、23320005
- 傳真：（011）23320109
- E-mail：goitodelhi@nic.ni

2 **孟買（Mumbai）**

- 地址：123 Maharshi Karve Road, Opp. Church Gate, Mumbai 400020
- 電話：（022）22033144
- 傳真：（022）22014496
- E-mail：touristoffic-mum@nic.ni

3 **瓦拉那西（Varanasi）**

- 地址：15-B, The Mall, Varanasi 221002, Uttar Pradesh, India
- 電話：（0542）2501784
- E-mail：indtourvns@sify.com

國際航空

1 **國泰航空公司 Cathay Pacific**

- 地址：台北市民生東路三段一二九號十二樓環球商業大樓
- 電話：（02）27152333
- 香港轉機（有些班次是香港、曼谷二地轉機），有飛孟買、德里、加爾各答。

2 **新加坡航空公司 Singapore Airlines**

- 地址：台北市松江路一四八號二樓
- 電話：（02）25516655
- 新加坡轉機，有加爾各達、孟買，到達時間約晚上十點左右。

3 **泰國航空 Thai Airways**

- 地址：台北市中山區八德路二段三〇八號七樓
- 電話：（02）87725222
- 訂位專線：（02）87725111
- 曼谷轉機（有些班次是香港、曼谷二地轉機），有飛孟買、加爾各達、迦耶、德里、瓦拉那西等地。

4 **中華航空 China Airlines**

- 地址：台北市南京東路三段一三一號
- 訂位專線：（02）25455700
- 直飛德里，到達德里時間約近13:00，星期二、四、六都有班機。

住宿旅館

—中低價位飯店—

1 **毘濕奴賓館 Vishnu Rest House**

- 臉書：http://www.facebook.com/pages/Vishnu-rest-house/215367985223577?sk=info
- 地址：D 24/17, Pandey Ghat, Varanasi 221005, India
- 電話：（0542）2450206

2 **辛迪亞賓館 Scindhia Guest House**

- 網址：http://www.scindhiaguesthouse.com/
- E-Mail：scindhiaguesthouse@yahoo.com
- 地址：SCINDHIA GHAT（在馬尼卡尼卡火葬場旁）Varanasi 221001, India
- 電話：（0542）2420319、2393446

3 **濕婆賓館 Shiva Guest House**

- 地址：D 20/14, Munshi Ghat, Varanasi 221001, India
- 電話：（0542）2452108

4 **甘帕西賓館 Ganpathi Guest Houst**

- 網址：http://www.ganpatiguesthouse.com/index.html
- 地址：D 3/24, Meer Ghat, Varanasi 221001, Uttar Pradesh, India
- 電話：（0542）2390057、2390059、2391678

5 **艾爾卡旅館 Alka Hotel**

- 網址：http://www.hotelalkavns.com/Default.aspx
- 地址：D 3/23, Meer Ghat, Varanasi, Uttar Pradesh, India
- 電話：（0542）2398445、2401681、2400308

6 **恆河美景飯店 Hotel Ganges View**

- 網址：http://www.hotelgangesview.com/
- 地址：Assi Ghat Varanasi 221005, Uttar Pradesh, India

- 電話：（0542）2313218、3290289

7 **UP省觀光賓館 Tourist Bungalow**
- E-mail：rahitbvaranasi@up-tourism.com
- 地址：Parade Kothi Near, Cantt Rly. Sation
- 電話：（0542）2208413、2208545

8 **廣場飯店 Hotel Plaza Inn**
- 網址：http://hotelplazainn.in/
- 地址：S 21/116 H, Parade Kothi Cantt, Varanasi-2 Uttar Pradesh, India
- 電話：（0542）2205504、2205505、2205506、2205507

9 **香提賓館 Shanti Guest House**
- 地址：C.K. 8/129, Manikarnika Ghat, Varanasi, India
- 電話：（0542）392568

10 **沙門旅館 Hotel Samman**
- 地址：在達沙蘇瓦美路上。
- 電話：（0542）322241

11 **斯里范卡史瓦賓館 Sri Venkateswar Lodge**
- 地址：D 5/64 Dashashwamedn Ghat, Varanasi 221001, India
- 電話：（0542）2392357
- E-mail：venlodge@yahoo.com

12 **佛陀旅館 Hotel Buddha**
- 網址：http://www.hotelbuddha.in/
- E-mail：hotelbuddha@gmail.com、hotelbuddha@rediffmail.com

- 地址：C 26/35, LAHURABIR（Behind Hotel Ajay）, Varanasi 221001, Uttar Pradesh, India
- 電話：（0542）2203686、2204376
- 傳真：（0542）2203686

13 **巴拉達利旅館 Hotel Barahdari**
- 網址：http://hotelbarahdari.tripod.com/
- E-mail：baradari229@hotmail.com、baradari@lw1.vsnl.net.in
- 地址：Maidagin, Varanasi 221001, Uttar Pradesh, India.
- 電話：（0542）330040
- 傳真：（0542）330581

14 **太陽神飯店 Hotel Surya**
- 網址：http://www.hotelsuryavns.com/
- E-Mail：info@hotelsuryavns.com、director@hotelsuryavns.com
- 地址：S-20/51A-5, The Mall Road, Cantonment, Varanasi-221022, Uttar Pradesh, India
- 電話：（0542）2508465、2508466

高級飯店

1 **瓦拉那西阿育王大飯店 Hotel Varanasi Ashoka**
- 地址：The Mall Varanasi 221002, Uttar Pradesh ,India
- 電話：（0542）346030

2 **瓦拉那西克拉克大飯店 Hotel Clarks Varanasi**
- 網址：http://www.clarkshotels.com/
- E-Mail：clarkvns@satyam.net.in

- 地址：The Mall, Cantt, Varanasi 221002, Uttar Pradesh, India
- 電話：（0542）2501011-20
- 傳真：（0542）2502736

3 **泰姬恆迦大飯店 Hotel Taj Ganges （Nadesar Palace）**

- 網址：http://www.tajhotels.com/Cities/Varanasi/default.htm
- E-Mail：nadesar.varanasi@tajhotels.com
- 地址：Nadesar Palace Grounds, Varanasi 221002, Uttar Pradesh, India
- 電話：（0542）6660002-06：2503016-19
- 傳真：（0542）2501406

4 **信度斯坦國際大飯店 Hotel Hindusthan International**

- 網址：http://www.hhihotels.com/Varanasi/
- E-Mail：gmvaranasi@hindusthan.com
- 地址：C-21/3, Maldahiya, Varanasi 221002, Uttar Pradesh, India
- 電話：（0542）2411484：2411489
- 傳真：（0542）2410931

Seeker

Seeker